Impressum
Verlag: BABADADA GmbH, Nedderfeld 112 , 22529 Hamburg
Geschäftsführer / Verlagsleitung: Harald Hof
Druck: Books on Demand GmbH, In de Tarpen 42, 22848 Norderstedt

Imprint
Publisher: BABADADA GmbH, Nedderfeld 112 , 22529 Hamburg, Germany
Managing Director / Publishing direction: Harald Hof
Print: Books on Demand GmbH, In de Tarpen 42, 22848 Norderstedt

ishuri
σχολείο

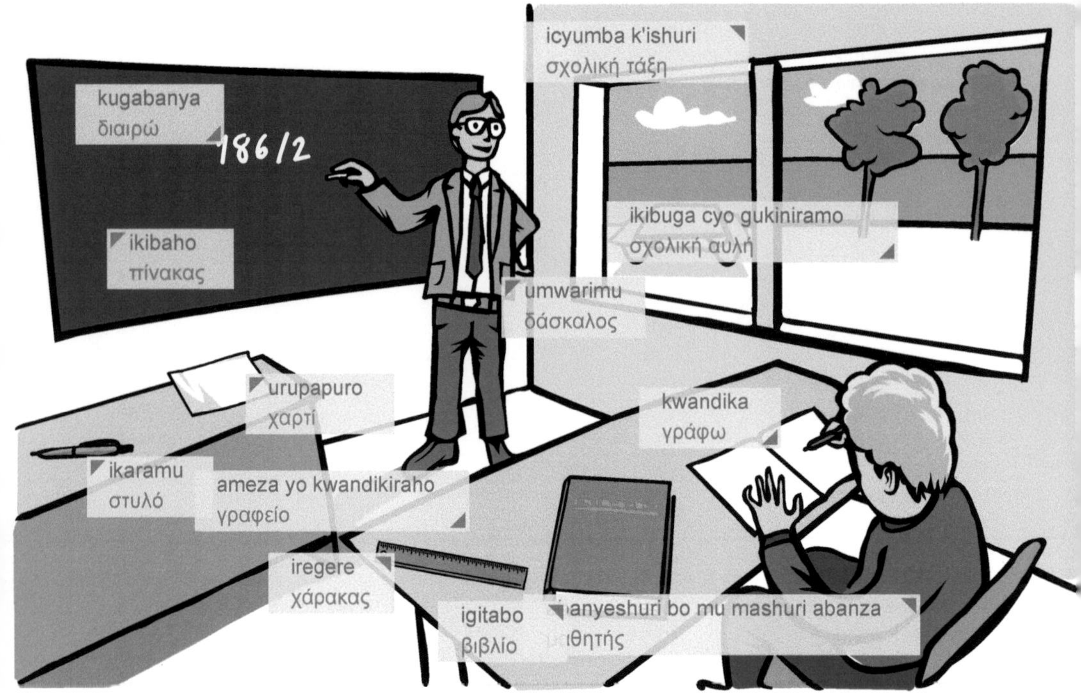

icyumba k'ishuri
σχολική τάξη
kugabanya
διαιρώ
186/2
ikibuga cyo gukiniramo
σχολική αυλή
ikibaho
πίνακας
umwarimu
δάσκαλος
urupapuro
χαρτί
kwandika
γράφω
ikaramu
στυλό
ameza yo kwandikiraho
γραφείο
iregere
χάρακας
igitabo
βιβλίο
anyeshuri bo mu mashuri abanza
θητής

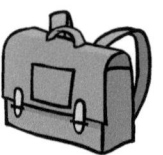

agahago k'ishuri

σχολική τσάντα

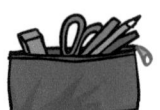

agasanduku k'amakaramu y'igiti

κασετίνα/ μολυβοθήκη

ikaramu y'igiti

μολύβι

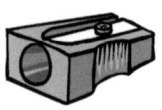

tayekereyo

ξύστρα

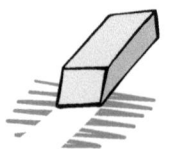

igome

γόμα

ikayi yo gushushanya

μπλοκ ζωγραφικής

igishushanyo

ζωγραφική

uburoso bwo gusigisha

πινέλο

agasanduku k'amarangi y'amabara

κουτί χρωμάτων

umukasi

ψαλίδι

kore

κόλλα

ikayi y'imyitozo

τετράδιο ασκήσεων

umukoro w'imuhira

εργασία για το σπίτι

12

umubare

αριθμός

2+2

guteranya

προσθέτω

5-2

gukuramo

αφαιρώ

2×2

gukuba

πολλαπλασιάζω

kubara

υπολογίζω

A

ibaruwa

γράμμα

ABCDEFG HIJKLMN OPQRSTU VWXYZ

inyuguti uko zikurikirana

αλφάβητο

ijambo

λέξη

umwandiko

κείμενο

gusoma

διαβάζω

ingwa

κιμωλία

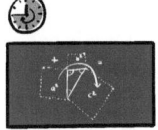

isomo

μάθημα

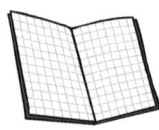

igitabo cyo kwiyandikishamo

εγγράφομαι

ikizami

τεστ

impamyabumenyi

πιστοποιητικό

umwambaro w'ishuri

μαθητική στολή

uburezi

εκπαίδευση

inkoranyamagambo

εγκυκλοπαίδεια

kaminuza

πανεπιστήμιο

mikorosikope

μικροσκόπιο

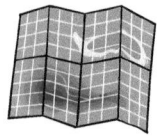

ikarita

χάρτης

pubere

καλάθι αχρήστων

urugendo
ταξίδι

Grand
ROOMS
hoteli
ξενοδοχείο
inzu y'amacumbi
ξενώνας
ku muvunjayi
ανταλλακτήρια συναλλάγματος
ivarisi
βαλίτσα
imodoka
αυτοκίνητο

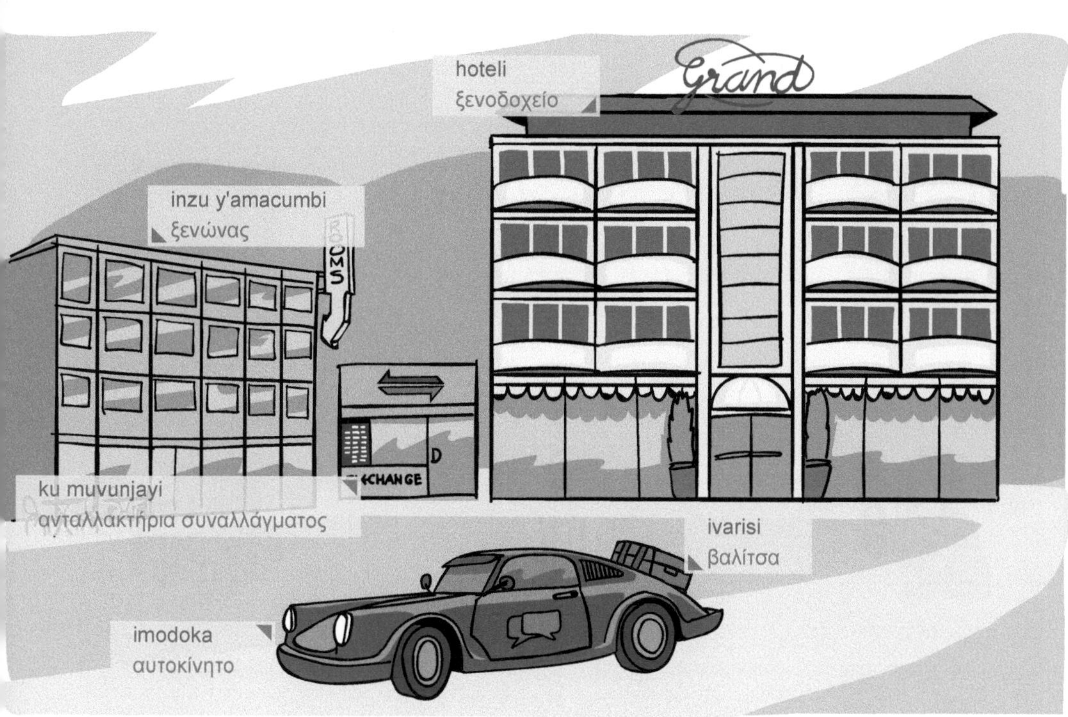

ururimi

γλώσσα

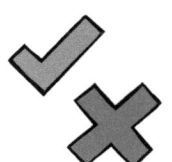

yego / oya

ναι / όχι

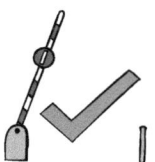

Yego

εντάξει

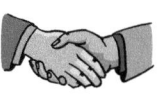

bite

γεια σου

umusemuzi

μεταφραστής

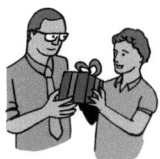

Murakoze

Ευχαριστώ

ni angahe…?

πόσο κάνει ;

Sinsobanukiwe

Δε καταλαβαίνω

ikibazo

πρόβλημα

wiriwe!

Καλησπέρα!

Waramutse

Καλημέρα!

Ijoro ryiza

Καληνύχτα!

bayi

Αντίο

ikerekezo

κατεύθυνση

imizigo

αποσκευές

igikapo

τσάντα

igikapo baheka

σακίδιο πλάτης

umushyitsi

καλεσμένος

icyumba

δωμάτιο

agafuko baryamamo

υπνόσακος

ihema

σκηνή

amakuru y'ahasurwa na ba mukerarugendo

τουριστικές πληροφορίες

ku musenyi wo ku mazi

παραλία

ikarita ya banki

πιστωτική κάρτα

ifunguro ryo gusamura

πρωινό

ifunguro rya ku manywa

μεσημεριανό

ifunguro rya nimugoroba

δείπνο

itike

εισιτήριο

asanseri

ανελκυστήρας

itembure

γραμματόσημο

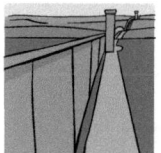

umupaka

σύνορα

gasutamo

τελωνείο

ambasade

πρεσβεία

viza

βίζα

pasiporo

διαβατήριο

gutwara abantu n'ibintu

μεταφορά

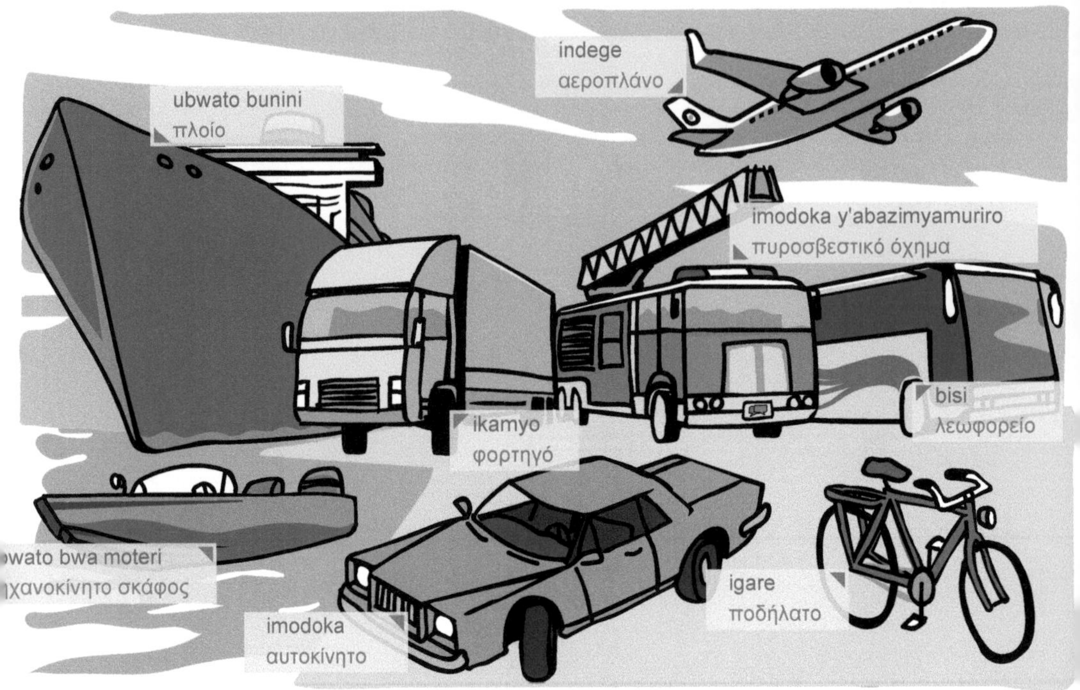
indege
αεροπλάνο
ubwato bunini
πλοίο
imodoka y'abazimyamuriro
πυροσβεστικό όχημα
bisi
λεωφορείο
ikamyo
φορτηγό
wato bwa moteri
ιχανοκίνητο σκάφος
imodoka
αυτοκίνητο
igare
ποδήλατο

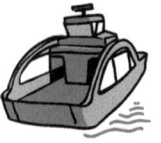

ubwato bwambutsa imizigo n'abantu

φεριμπότ

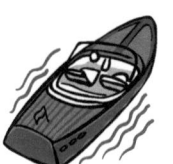

ubwato

βάρκα

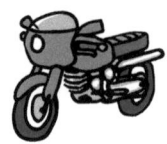

ipikipiki

μοτοσικλέτα

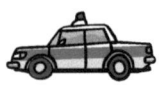

imodoka ya polisi

περιπολικό

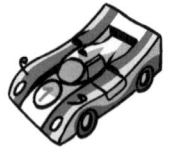

imodoka ya kuruse

αγωνιστικό αυτοκίνητο

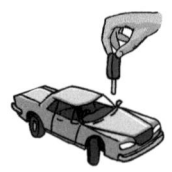

imodoka ikodeshwa

ενοικιαζόμενο αυτοκίνητο

gusangira imodoka

διαμοιρασμός αυτοκινήτων

imodoka iterura izindi

γερανός

imodoka iyora imyanda

απορριμματοφόρο

moteri

κινητήρας

lisansi

καύσιμο

sitasiyo ya lisansi

βενζινάδικο

icyapa kiyobora imodoka

πινακίδα σήμανσης

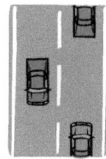

urujya n'uruza rw'imodoka

κυκλοφορία

ambuteyaje

κυκλοφοριακή συμφόρηση

parikingi y'imodoka

χώρος στάθμευσης

gare ya gariyamoshi

σιδηροδρομικός σταθμός

inzira ya gariyamoshi

σιδηροδρομικές γραμμές

gariyamoshi

τρένο

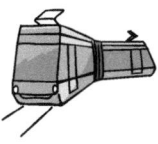

bisi ikoresha
amashanyarazi

τραμ

agatete k'imizigo gakururwa
n'imodoka

βαγόνι

kajugujugu

ελικόπτερο

ikibuga k'indege

αεροδρόμιο

umunara

πύργος

umugenzi

επιβάτης

konteneri

εμπορευματοκιβώτιο

ikarito

χαρτοκιβώτιο

akagorofani ko mu iduka

καρότσι

agaseke

καλάθι

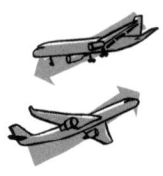

kuguruka / kururuka

απογειώνομαι /
προσγειώνομαι

umugi

πόλη

umudugudu

χωριό

mu mujyi rwagati

κέντρο της πόλης

inzu

σπίτι

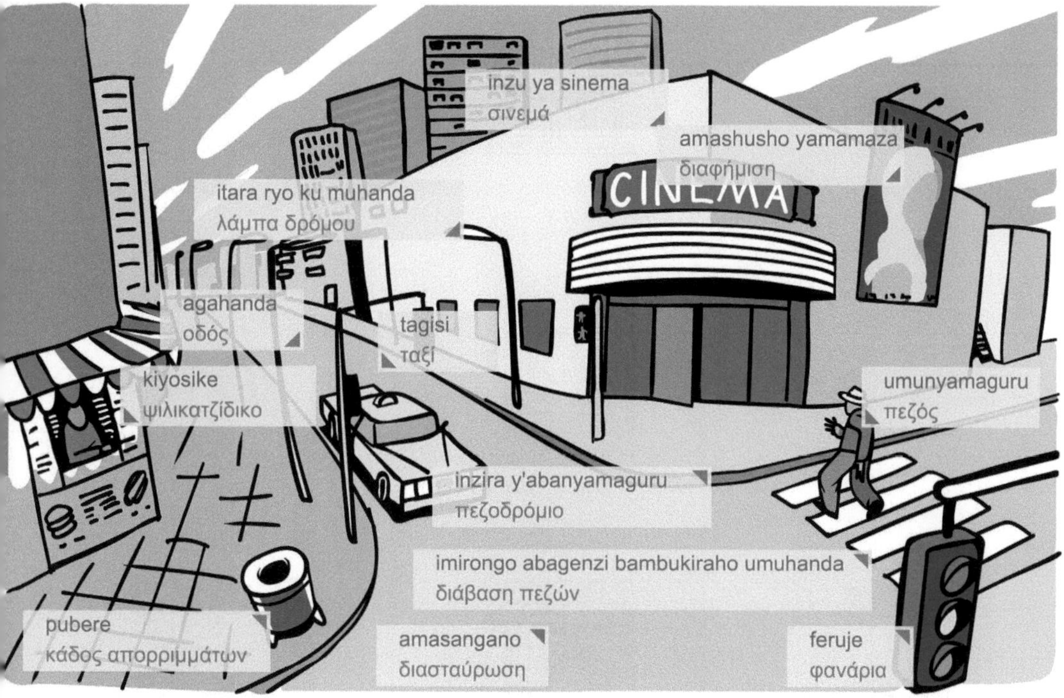

inzu ya sinema
σινεμά

amashusho yamamaza
διαφήμιση

itara ryo ku muhanda
λάμπα δρόμου

CINEMA

agahanda
οδός

tagisi
ταξί

kiyosike
ψιλικατζίδικο

umunyamaguru
πεζός

inzira y'abanyamaguru
πεζοδρόμιο

imirongo abagenzi bambukiraho umuhanda
διάβαση πεζών

pubere
κάδος απορριμμάτων

amasangano
διασταύρωση

feruje
φανάρια

akaruri
καλύβα

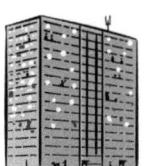

inzu ifatanye n'izindi
διαμέρισμα

gare ya gariyamoshi
σιδηροδρομικός σταθμός

ibiro bya meya
δημαρχείο

inzu ndangamurage
μουσείο

ishuri
σχολείο

kaminuza

πανεπιστήμιο

banki

τράπεζα

ibitaro

νοσοκομείο

hoteli

ξενοδοχείο

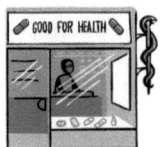

farumasi

φαρμακείο

ibiro

γραφείο

inzu bagurishirizamo ibitabo

βιβλιοπωλείο

iduka

κατάστημα

umucuruzi w'indabo

ανθοπωλείο

amangazini manini

σούπερ μάρκετ

isoko

αγορά

idepo

πολυκατάστημα

umucuruzi w'amafi

ιχθυοπωλείο

iduka rinini

εμπορικό κέντρο

icyambu

λιμάνι

parike

πάρκο

intebe y'urubaho

παγκάκι

iteme

γέφυρα

amadarajya

σκάλες

inzira yo munsi y'ubutaka

μετρό

umuhanda wo munsi y'ubutaka

τούνελ

icyapa cya bisi

στάση λεωφορείου

bare

μπαρ

resitora

εστιατόριο

agasanduku k'amabaruwa

γραμματοκιβώτιο

icyapa cyo ku muhanda

πινακίδα δρόμου

mubazi ya parikingi

παρκόμετρο

zoo

ζωολογικός κήπος

pisine

πισίνα

umusigiti

τζαμί

ifamu
αγρόκτημα

kwangiza umwuka
ρύπανση

irimbi
νεκροταφείο

ikiriziya
εκκλησία

ikibuga k'imikino
παιδική χαρά

urusengero
ναός

umurambi

τοπίο

ikibabi
φύλλο

icyapa kiyobora
πινακίδα κατεύθυνσης

inzira
δρόμος

umukenke
λιβάδι

ibuye
πέτρα

umuntu utembera mu misozi
πεζοπόρος

igiti
δέντρο

umugezi
ποτάμι

ibyatsi
χορτάρι

indabo
λουλούδι

ikibaya

κοιλάδα

agasozi

λόφος

ikiyaga

λίμνη

ishyamba

δάσος

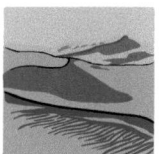

ubutayu

έρημος

ikirunga

ηφαίστειο

ingoro

κάστρο

umukororombya

ουράνιο τόξο

icyobo

μανιτάρι

ikigazi

φοίνικας

umubu

κουνούπι

isazi

μύγα

intozi

μυρμήγκι

uruyuki

μέλισσα

igitagangurirwa

αράχνη

ikivumvuri

σκαθάρι

igikeri

βάτραχος

inkima

σκίουρος

imbuni

σκαντζόχοιρος

urukwavu

λαγός

igihunyira

κουκουβάγια

inyoni

πουλί

igishuhe

κύκνος

isatura

αγριογούρουνο

ingeragere

ελάφι

impongo

άλκη

urugomero

φράγμα

igipanga kikaraga kikazana umuyaga

ανεμογεννήτρια

urubaho rukurura imirasire

ηλιακός συλλέκτης

ikirere

κλίμα

resitora
εστιατόριο

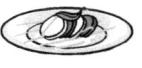

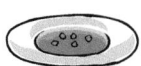

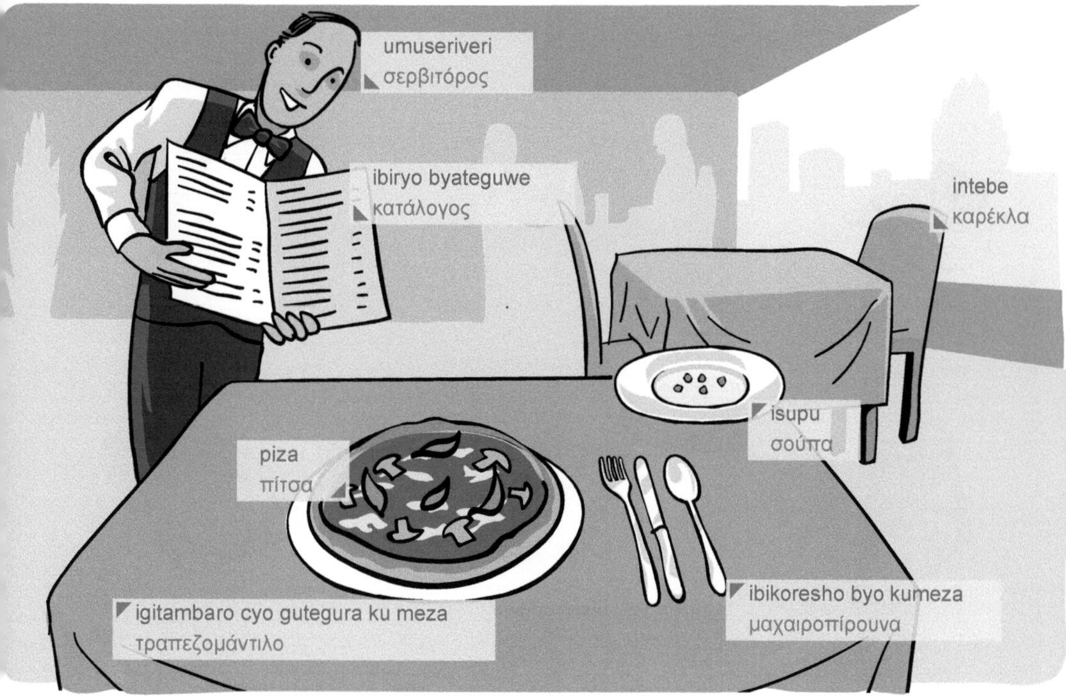
umuseriveri
σερβιτόρος
ibiryo byateguwe
κατάλογος
intebe
καρέκλα
isupu
σούπα
piza
πίτσα
ibikoresho byo kumeza
μαχαιροπίρουνα
igitambaro cyo gutegura ku meza
τραπεζομάντιλο

aperitifu
ορεκτικό

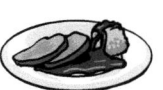

isahani nkuru
κύριο πιάτο

deseri
επιδόρπιο

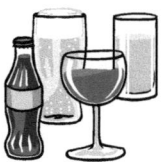

ibinyobwa
ποτά

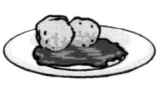

ibiribwa
φαγητό

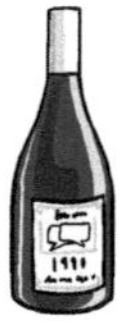

icupa
μπουκάλι

ibiryo barya bagenda

φαστ φουντ

ibiryo byo kumuhanda

φαγητό στ' όρθιο

ibirika y'icyayi

τσαγιέρα

agakombe k'isukari

δοχείο ζάχαρης

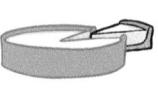

isahani y'ibiryo

μερίδα

imashini y'ikawa ya esipereso

μηχανή εσπρέσο

intebe ndende

ψηλή καρέκλα

inyemezabuguzi

λογαριασμός

ipurato

δίσκος

icyuma

μαχαίρι

ikanya

πιρούνι

ikiyiko

κουτάλι

akayiko k'icyayi

κουταλάκι του τσαγιού

seriviyete

πετσέτα φαγητού

ikirahure cyo kunywesha

ποτήρι

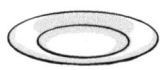

isahani

πιάτο

isahani y'isupu

πιάτο σούπας

agasutasi

πιατάκι φλιτζανιού

isosi

σάλτσα

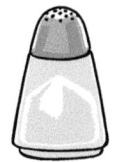

agacupa k'umunyu

αλατιέρα

agasekuru k'urusenda

μύλος για πιπέρι

vinegere

ξύδι

amavuta

λάδι

ibirunge

μπαχαρικά

kecapu

κέτσαπ

mutaride

μουστάρδα

mayonezi

μαγιονέζα

amangazini manini

σούπερ μάρκετ

igiciro kidasanzwe
προσφορά
umukiriya
πελάτης
ibiva mu mata
γαλακτοκομικά προϊόντα
imbuto
φρούτα
akagorofani ko mu iduka
καρότσι για ψώνια
FOR

BUTCHERS

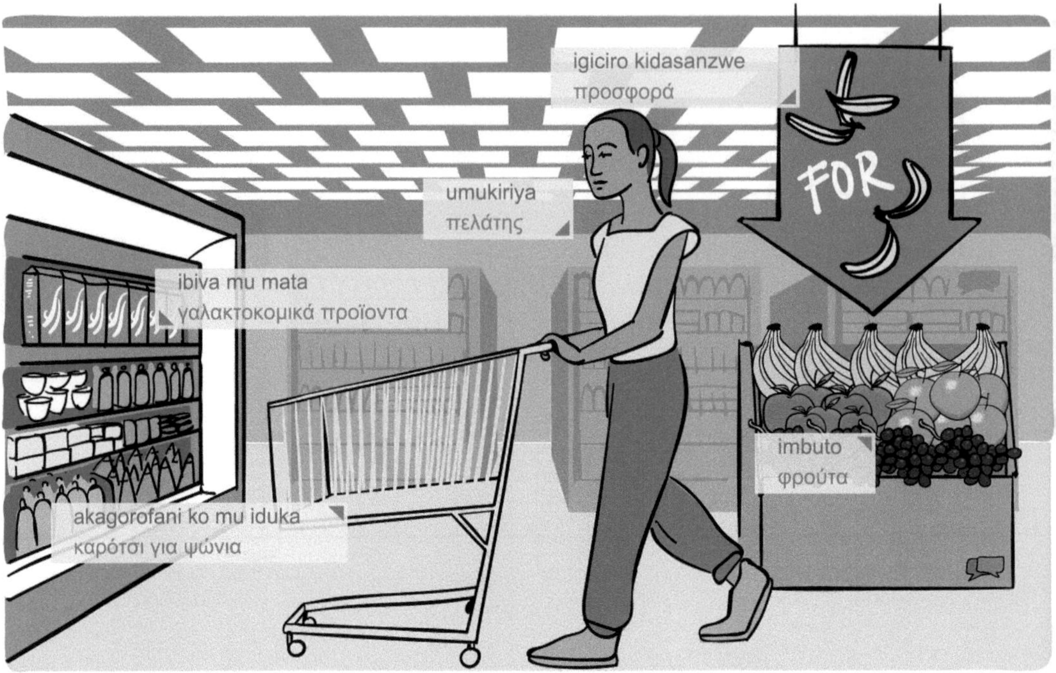

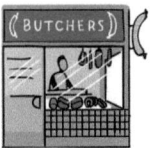

busheri

κρεοπωλείο

BAKERY

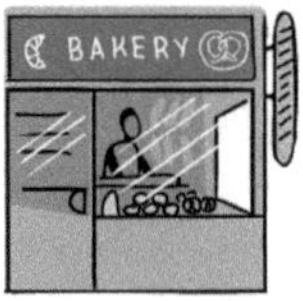

buranjeri

φούρνος

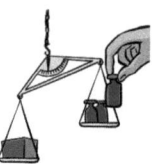

gupima ibiro

ζυγίζω

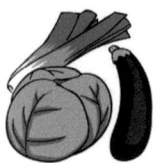

imboga

λαχανικά

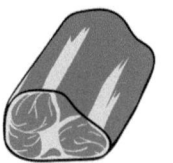

inyama

κρέας

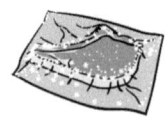

ibiryo bakonjesheje

κατεψυγμένα τρόφιμα

inyama zikonje

αλλαντικά

ibiryo byo mu makopo

κονσερβοποιημένη τροφή

isabune y'ifu

απορρυπαντικό ρούχων

bombo

γλυκά

ibikoresho byo mu rugo

οικιακά είδη

imiti isukura

καθαριστικά προϊόντα

umucuruzikazi

πωλήτρια

kukesa

ταμείο

umubitsi

ταμίας

urutonde rwo guhaha

λίστα για ψώνια

amasaha haba hafunguye

ωράριο λειτουργίας

ipotomoni

πορτοφόλι

ikarita ya banki

πιστωτική κάρτα

umufuka

τσάντα

imifuko ya pulasitike

πλαστική σακούλα

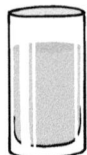

amazi

νερό

umutobe

χυμός

amata

γάλα

koka

κόκα κόλα

divayi

κρασί

byeri

μπίρα

inzoga

αλκοόλ

shokora ishyushye

κακάο

icyayi

τσάι

ikawa

καφές

ikawa ya esipereso

εσπρέσο

kapucino

καπουτσίνο

umuneke

μπανάνα

pome

μήλο

icunga

πορτοκάλι

wotameloni

πεπόνι

indimu

λεμόνι

karoti

καρότο

tungurusumu

σκόρδο

umugano

μπαμπού

urutunguru

κρεμμύδι

icyoba

μανιτάρι

ubunyobwa

ξηροί καρποί

amakaroni

νουντλς

spageti

μακαρόνια

umuceri

ρύζι

salade

σαλάτα

udufiriti

πατατάκια

ibirayi by'ifiriti

τηγανητές πατάτες

piza

πίτσα

hamburugeri

χάμπουργκερ

sanduwici

σάντουιτς

escalope

κοτολέτα

jambo

ζαμπόν

salami

σαλάμι

sosiso

λουκάνικο

inkoko

κοτόπουλο

kotsa

ψητό

ifi

ψάρι

igikoma cy'uburo

χυλός βρώμης

pisitashi

μούσλι

impeke

κορν φλέικς

ifu

αλεύρι

kuruwasa

κρουασάν

amandazi

ψωμάκι

umugati

ψωμί

umugati wumishijwe

τοστ

ibisuguti

μπισκότα

amavuta

βούτυρο

forumaje year

τυρόπηγμα

keke

κέικ

igi

αυγό

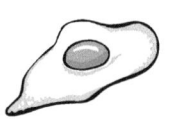

umureti

τηγανητό αυγό

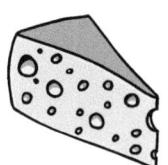

forumaje

τυρί

ibiribwa - φαγητό

ayisikirimu

παγωτό

isukari

ζάχαρη

ubuki

μέλι

konfitire

μαρμελάδα

shokora

άλλειμμα σοκολάτας

kiri

κάρυ

ifamu
αγρόκτημα

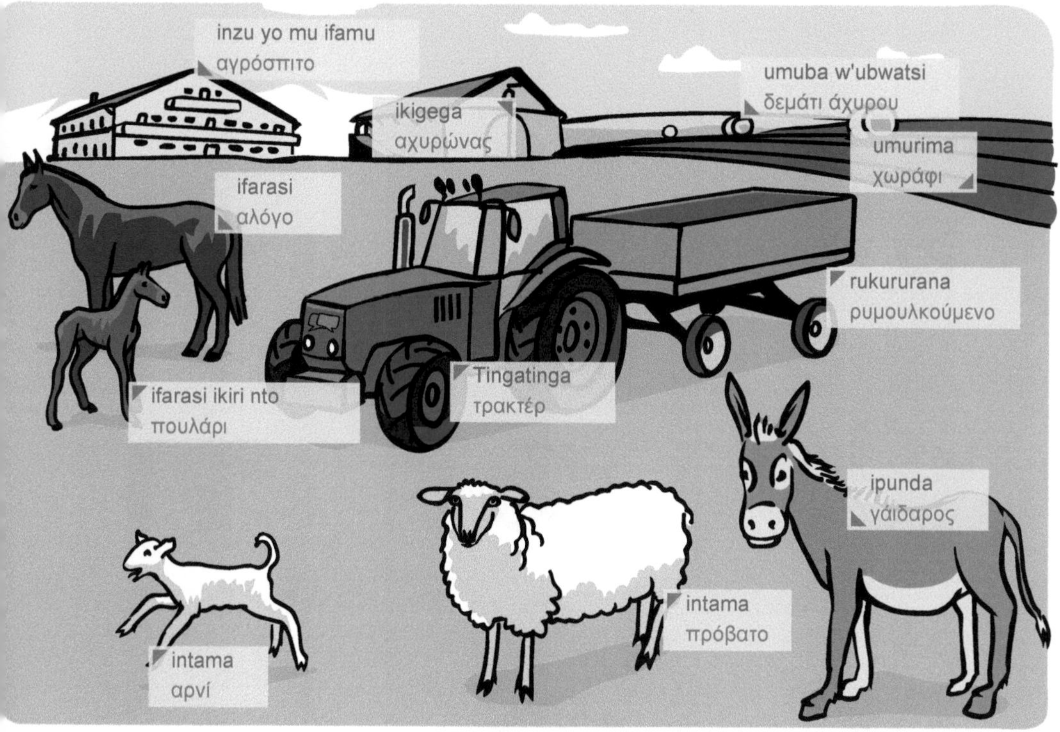

inzu yo mu ifamu
αγρόσπιτο
ikigega
αχυρώνας
umuba w'ubwatsi
δεμάτι άχυρου
umurima
χωράφι
ifarasi
αλόγο
rukururana
ρυμουλκούμενο
ifarasi ikiri nto
πουλάρι
Tingatinga
τρακτέρ
ipunda
γάιδαρος
intama
πρόβατο
intama
αρνί

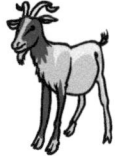

ihene
κατσίκα

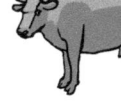

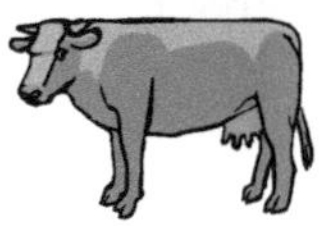

inka
αγελάδα

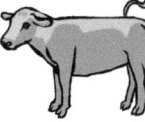

umutavu
μοσχαράκι

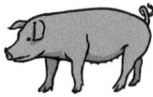

ingurube
γουρούνι

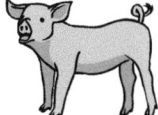

ikibwana k'ingurube
γουρουνάκι

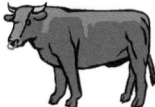

ikimasa
ταύρος

igishuhe

χήνα

imbata

πάπια

umushwi

κοτοπουλάκι

inkokokazi

κότα

isake

κόκορας

imbeba

αρουραίος

injangwe

γάτα

imbeba

ποντίκι

ikimasa

βόδι

imbwa

σκύλος

ikiruka

σπιτάκι σκύλου

itiyo ijyana mu karima

λάστιχο κήπου

arozuwari

ποτιστήρι

najuru

θεριστήρι

imashini ihinga

αλέτρι

najuru

δρεπάνι

isuka

τσάπα

rato

δίκρανο

ishoka

τσεκούρι

ingorofani

χειράμαξα

ikibumbiro

ταΐστρα

inkongoro

δοχείο γάλακτος

igunira

σάκος

urugo

φράχτης

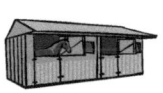

ikiraro

στάβλος

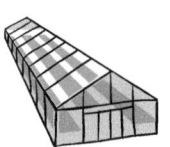

inzu ihingwamo

θερμοκήπιο

ubutaka

έδαφος

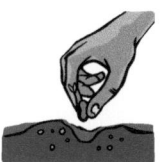

imbuto zo gutera

σπόρος

ifumbire

λίπασμα

imashini isarura

θεριζοαλωνιστική μηχανή

gusarura

θερίζω

umusaruro

συγκομιδή

ibikoro

γιαμς

ingano

σιτάρι

soya

σόγια

ikirayi

πατάτα

ikigori

καλαμπόκι

umwayi weze

κράμβη

igiti k'imbuto

οπωροφόρο δέντρο

umwumbati

μανιόκα

impeke

δημητριακά

inzu
σπίτι

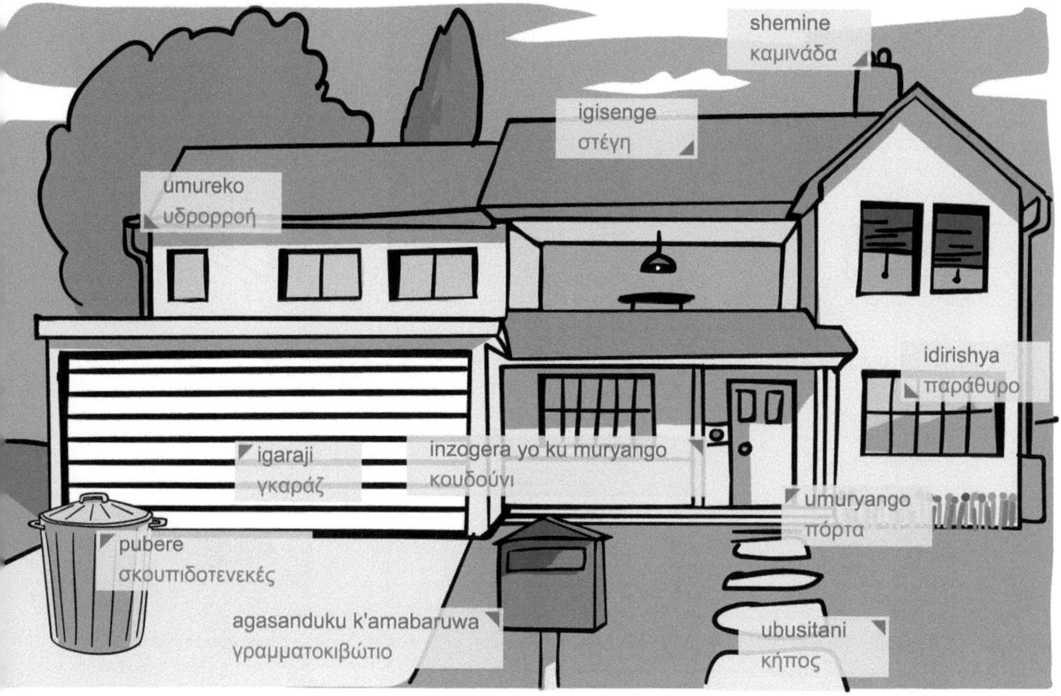
shemine
καμινάδα
igisenge
στέγη
umureko
υδρορροή
idirishya
παράθυρο
igaraji
γκαράζ
inzogera yo ku muryango
κουδούνι
umuryango
πόρτα
pubere
σκουπιδοτενεκές
agasanduku k'amabaruwa
γραμματοκιβώτιο
ubusitani
κήπος

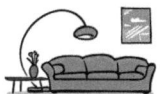

icyumba cy'uruganiriro

σαλόνι

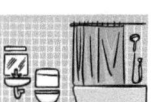

ubwogero

μπάνιο

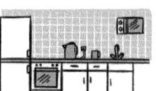

igikoni

κουζίνα

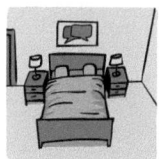

icyumba cyo kuraramo

υπνοδωμάτιο

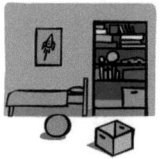

icyumba cy'abana

παιδικό δωμάτιο

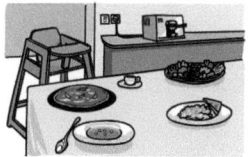

uburiro

τραπεζαρία

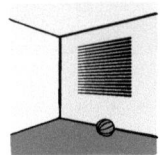

hasi

πάτωμα

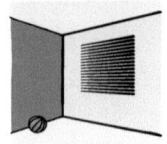

urukuta

τοίχος

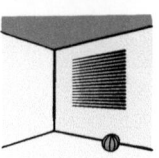

purafo

οροφή

kave

κελάρι

sawuna

σάουνα

urubaraza

μπαλκόνι

ku rubaraza

βεράντα

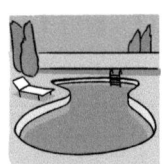

pisine

πισίνα

imashini ikupakupa

μηχανή του γκαζόν

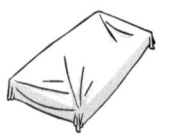

umwenda utwikira

σεντόνι

kuvureri

κάλυμμα κρεβατιού

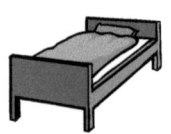

igitanda

κρεβάτι

umweyo

σκούπα

indobo

κουβάς

enteributeri

διακόπτης

icyumba cy'uruganiriro

σαλόνι

urupapuro rwomekwa ku rukuta
ταπετσαρία
ifoto
φωτογραφία
itara
λάμπα
etajere
ράφι
akabati
ντουλάπι
televiziyo
τηλεόραση
shemine
τζάκι
indabo
λουλούδι
umusego
μαξιλάρι
ifoteyi nini
καναπές
icyungo k'indabo
βάζο
terekomande
τηλεκοντρόλ

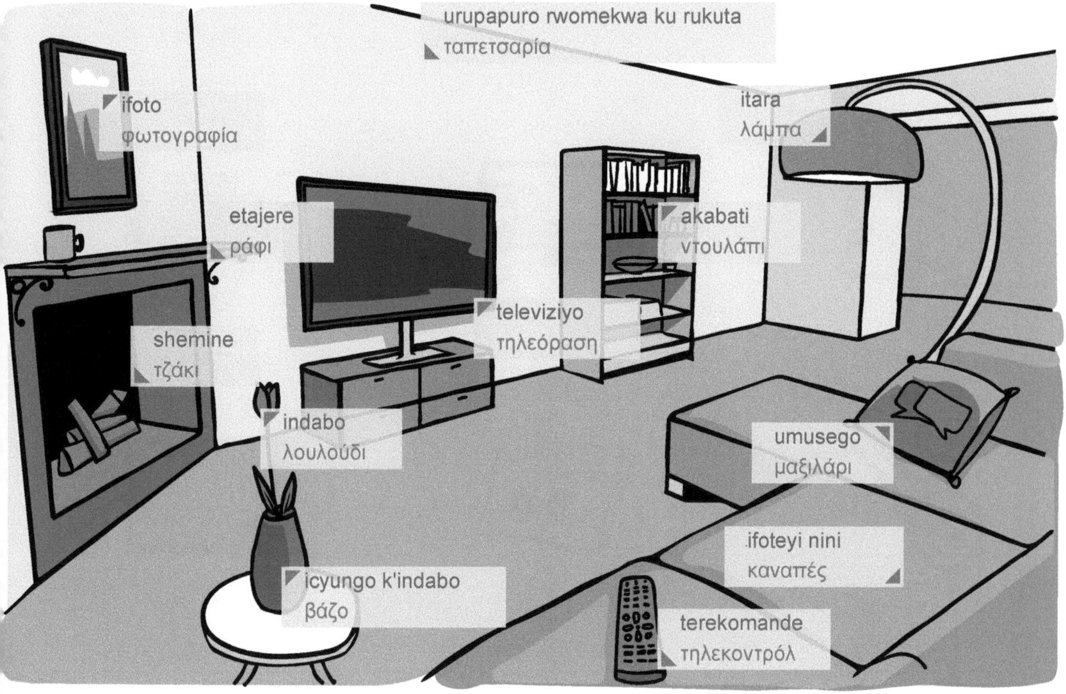

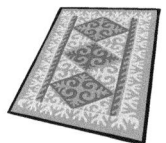

itapi

χαλί

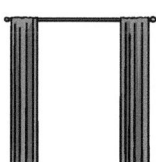

rido

κουρτίνα

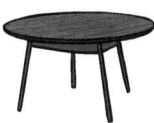

ameza

τραπέζι

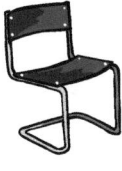

intebe

καρέκλα

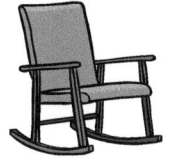

intebe yizengurutsa

κουνιστή πολυθρόνα

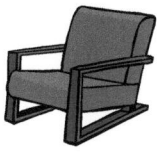

ifoteyi

πολυθρόνα

igitabo

βιβλίο

uburingiti

κουβέρτα

umutako

διακόσμηση

inkwi

καυσόξυλα

filimi

ταινία

ibikoresho bya hifi

στερεοφωνικό σύστημα

urufunguzo

κλειδί

ikinyamakuru

εφημερίδα

ishusho

πίνακας ζωγραφικής

icyapa

αφίσα

iradiyo

ραδιόφωνο

ikarine

σημειωματάριο

umweyo wa kizungu
ukoresha umwka

ηλεκτρική σκούπα

ikimungu

κάκτος

buji

κερί

igikoni
κουζίνα

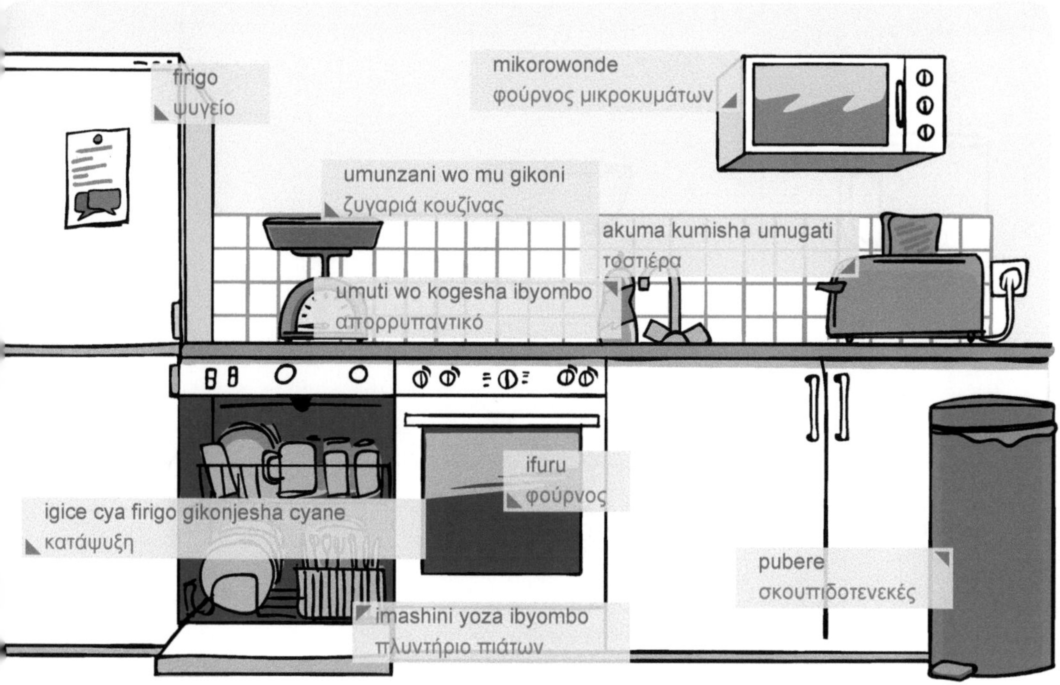

firigo
ψυγείο
mikorowonde
φούρνος μικροκυμάτων
umunzani wo mu gikoni
ζυγαριά κουζίνας
akuma kumisha umugati
τοστιέρα
umuti wo kogesha ibyombo
απορρυπαντικό
ifuru
φούρνος
igice cya firigo gikonjesha cyane
κατάψυξη
pubere
σκουπιδοτενεκές
imashini yoza ibyombo
πλυντήριο πιάτων

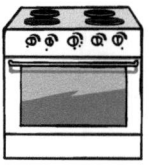

iziko
κουζίνα

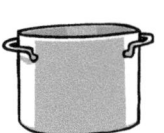

icyungo
κατσαρόλα

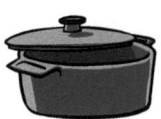

inkono y'icyuma
μαντεμένια κατσαρόλα

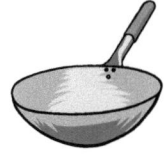

ipanu ifukuye cyane
γουόκ/καντάι

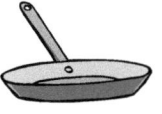

ipanu
τηγάνι

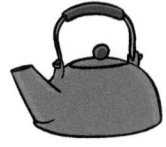

ibirika
βραστήρας

isafuriya ya peresiyo

ατμομάγειρας

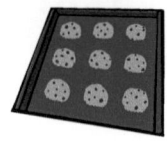

isahani yo mu ifuru

ταψί

ibyombo

πιατικά

igikombe

κούπα

isorori

μπολ

uduti abashinwa barisha

ξυλάκια

ikiyiko kigabura

κουτάλα

Ikiyiko cyarura ifiriti

σπάτουλα

umutozo

ανακατεύω

paswari

σουρωτήρι

akayunguruzo

σουρωτηράκι

agaharuzo ka karoti

τρίφτης

isekuru

γουδί

icyokezo

ψησταριά

shomine

ανοιχτή φωτιά

igikoni - κουζίνα

akabaho ko gukatiraho imboga

σανίδα κοπής

umwuko

πλάστης

urufunguzo rwa divayi

ανοιχτήρι φελλών

agakopo

κονσέρβα

urufunguzo rw'amakopo

ανοιχτήρι κονσέρβας

umukondo w'icyungo

γάντι φούρνου

ravabo

νεροχύτης

uburoso

βούρτσα

iponji

σφουγγάρι

mixer

μπλέντερ

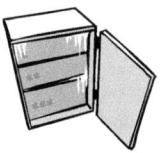

firigo itambitse

καταψύκτης

bibero

μπιμπερό

robine

βρύση

ubwogero
μπάνιο

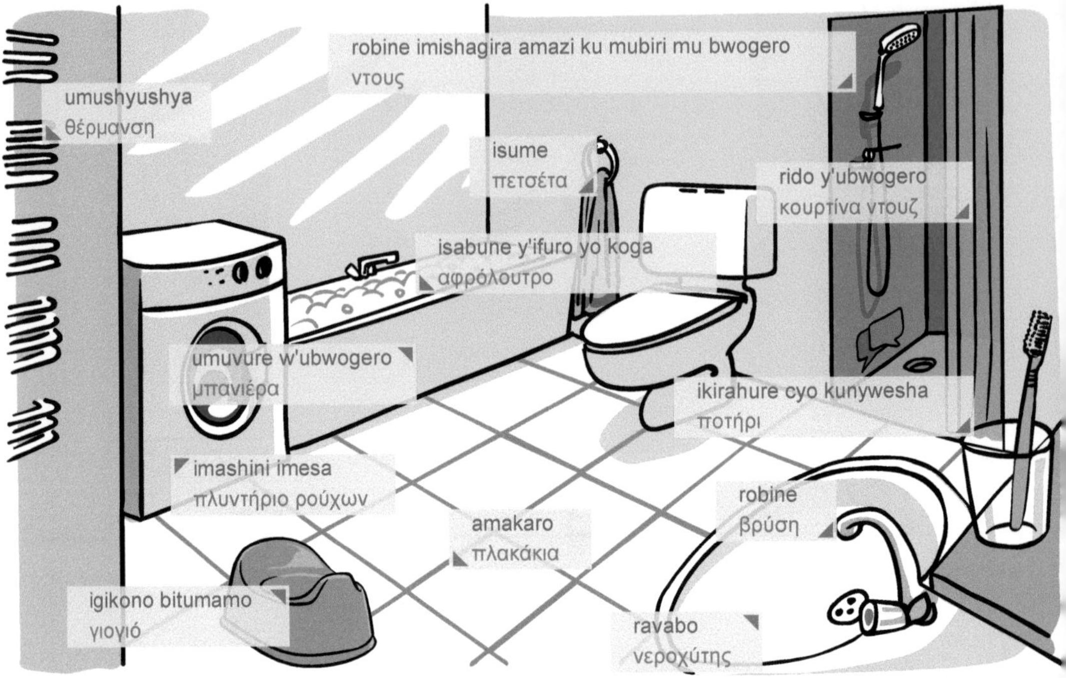
robine imishagira amazi ku mubiri mu bwogero
ντους
umushyushya
θέρμανση
isume
πετσέτα
rido y'ubwogero
κουρτίνα ντουζ
isabune y'ifuro yo koga
αφρόλουτρο
umuvure w'ubwogero
μπανιέρα
ikirahure cyo kunywesha
ποτήρι
imashini imesa
πλυντήριο ρούχων
robine
βρύση
amakaro
πλακάκια
igikono bitumamo
γιογιό
ravabo
νεροχύτης

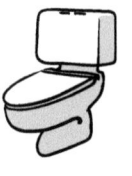

ubwiherero

τουαλέτα

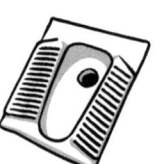

umusarani wo gusutama

τούρκικη τουαλέτα

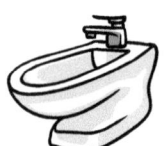

igikono cy'ubwiherero bwo mu nzu

μπιντές

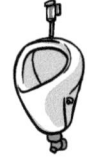

aho bihagarika

ουρητήριο

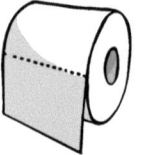

papiyejenike

χαρτί υγείας

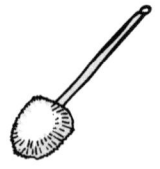

uburoso bwo mu bwiherero

πιγκάλ

uburoso bw'amenyo

οδοντόβουρτσα

korogati

οδοντόκρεμα

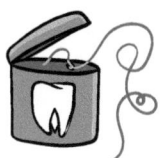

akagozi ko kwihaganyuza amenyo

οδοντικό νήμα

gukaraba

πλένω

akamishagira amazi ku mubiri bafata mu ntoki

τηλέφωνο ντους

ubwogero bw'amazi yisuka

ντουσιέρα

lavabo bakarabiramo intoki

λεκάνη

uburoso bwo kwitsiritisha mu mugongo

βούρτσα πλάτης

isabune

σαπούνι

isabune yo mu bwogero

αφρόλουτρο

isabune yo kumeshesha umusatsi

σαμπουάν

icyangwe cyo kwiyuhagiza

φανέλα

kuyobora amazi yanduye

σιφόνι

ikimuri

κρέμα

umubavu

αποσμητικό

ikirori cyo mu ntoki

καθρέφτης

ikirori cyo mu ntoki

καθρέφτης χειρός

urwembe

ξυραφάκι

ifuro ryo kurinda imiburu

αφρός ξυρίσματος

umuti ukingira imiburu

αφτερσέιβ

igisokozo

χτένα

uburoso

βούρτσα

imashini yumisha umusatsi

σεσουάρ

amarashi y'umusatsi

λακ

igishahuro cyo kwitera

μακιγιάζ

rujalevure

κραγιόν

verini y'inzara

βερνίκι νυχιών

ipamba

βαμβάκι

agasena inzara

ψαλίδι νυχιών

umubavu

άρωμα

agafuka k'ibikoresho byo
mu bwogero

νεσεσέρ

intebe

σκαμπό

umunzani

ζυγαριά

ikanzu yo kujyana mu
bwogero

μπουρνούζι

udupfukantoki two
gusukuza

ελαστικά γάντια

urubindo

ταμπόν

udupapuro two
kwihanaguza mu bwiherero

πετσέτα υγιεινής

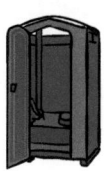

ubwiherero bwimukanwa

χημική τουαλέτα

icyumba cy'abana

παιδικό δωμάτιο

inzogera y'isaha ikangura
ξυπνητήρι
igipupe gikoze mu myenda
λούτρινο ζωάκι
udukinisho tw'imodoka
αυτοκινητάκι
ikinyuguri
κουδουνίστρα
inzu y'ibipupe
κουκλόσπιτο
impano
δώρο

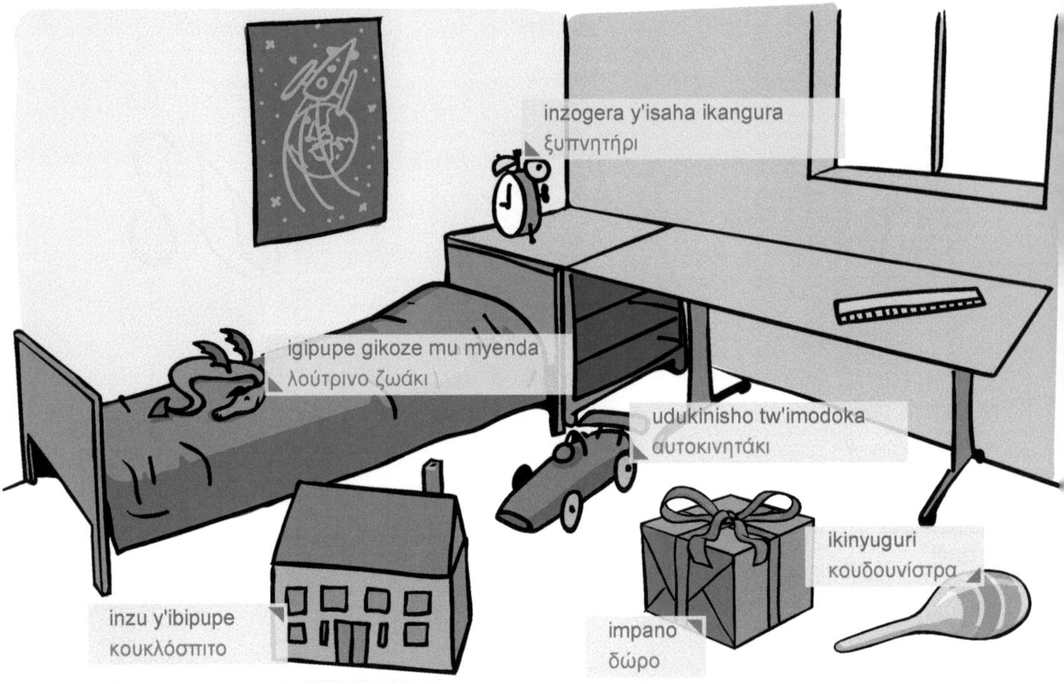

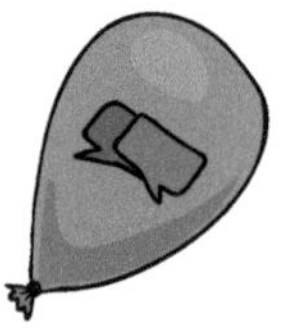

ballon

μπαλόνι

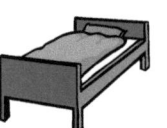

igitanda

κρεβάτι

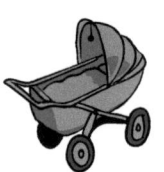

agapusipusi

καροτσάκι

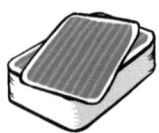

amakarita

τράπουλα

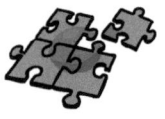

kubaka ishusho bacagaguye

παζλ

inkuru isetsa

κόμικς

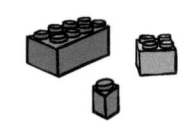

gucomekanya udutafari

τουβλάκια lego

udutafari tw'udukinisho

τουβλάκια κατασκευών

igikinisho

φιγούρα δράσης

ipinjama y'uruhinja

βρεφικό φορμάκι

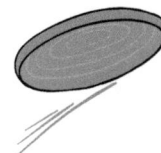

gutera indege

φρίσμπι

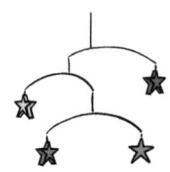

terefoni ngendanwa

μόμπιλο

imikino yo kuganiriraho

επιτραπέζιο παιχνίδι

igisoro

ζάρια

gariyamoshi y'igikinisho

σετ τρενάκι

ikinyonyo

πιπίλα

umunsi mukuru

πάρτι

arubumu

εικονογραφημένο βιβλίο

umupira

μπάλα

agapupe

κούκλα

gukina

παίζω

igikarito cy'umucanga

σκάμμα με άμμο

urwicundo

κούνια

ibikinisho

παιχνίδια

agasanduku k'imikino yo
kuri videwo

κονσόλα βιντεοπαιχνιδιών

akagare k'imipine itatu

τρίκυκλο

igipupe k'ibyoya

αρκουδάκι

akabati k'imyenda

ντουλάπα

imyambaro

ρούχα

amasogisi

κάλτσες

amasogisi afatanye n'ikariso

καλτσοδέτες

kora

καλσόν

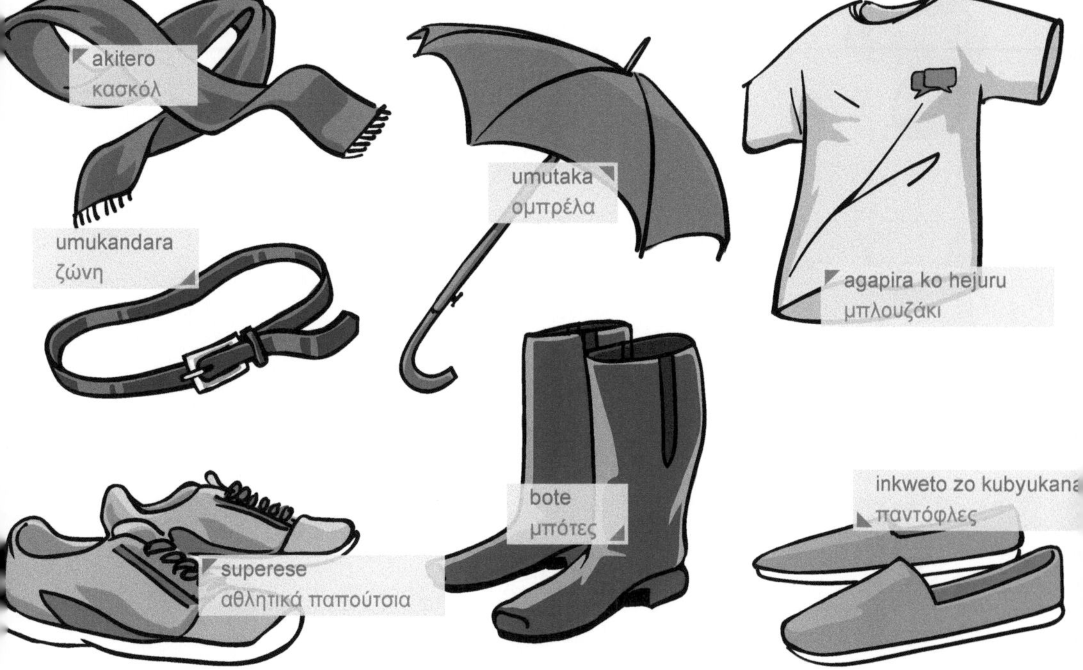

akitero
κασκόλ

umutaka
ομπρέλα

umukandara
ζώνη

agapira ko hejuru
μπλουζάκι

bote
μπότες

inkweto zo kubyukana
παντόφλες

superese
αθλητικά παπούτσια

isandari
σανδάλια

inkweto
παπούτσια

bote za kawucu
γαλότσες

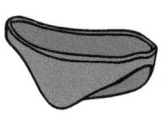

imyenda y'imbere
εσώρουχο

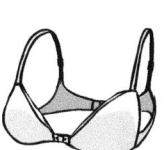

isutiye
σουτιέν

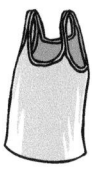

isengeri
φανέλα

body

σώμα

ipantalo

παντελόνι

ikoboyi

τζιν παντελόνι

ijipo

φούστα

ishati y'abagore

μπλούζα

ishati

πουκάμισο

umupira w'imbeho

πουλόβερ

umupira w'ingofero

πουλόβερ

agakoti

σακάκι

ijaketi

μπουφάν

ikoti

παλτό

ikoti ry'imvura

αδιάβροχο πανωφόρι

umwambaro w'ibikino

κοστούμι

ikanzu

φόρεμα

ikanzu y'abageni

νυφικό

kostitimu

κοστούμι

ikanzu yo kurarana

νυχτικό

ipinjama

πιτζάμες

umukenyero w'abahindikazi

σάρι

igitambaro cyo mu mutwe

μαντήλι

urugori

τουρμπάνι

umwitandiro uhisha isura

μπούρκα

ikanzu ndende

καφτάνι

igishura

μουσουλμανικό ένδυμα

imyenda yo
kwidumbaguzanya

ολόσωμο μαγιό

ikariso yo
kwidumbaguzanya

ανδρικό μαγιό

ikabutura

σορτς

tereningi

αθλητική φόρμα

itaburiya

ποδιά

udupfukantoki

γάντια

igipesu

κουμπί

amadarubindi

γυαλιά

igikomo

βραχιόλι

umukufi

περιδέραιο

impeta

δαχτυλίδι

iherena

σκουλαρίκι

ingofero

καπέλο

porutemanto

κρεμάστρα

ingofero

καπέλο

karuvati

γραβάτα

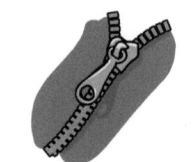

imashini yo ku mwenda

φερμουάρ

kasike

κράνος

amaburuteri

τιράντες

umwambaro w'ishuri

μαθητική στολή

impuzankano

στολή

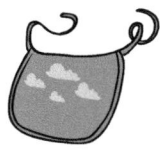

agakingirankonda

σαλιάρα

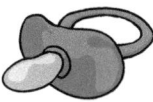

ikinyonyo

πιπίλα

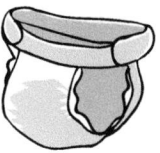

amaranje

πάνα

ibiro

γραφείο

seriveri
σέρβερ
akabati k'impapuro
αρχειοθήκη
empirimante
εκτυπωτής
urupapuro
χαρτί
ekara
οθόνη
ameza yo kwandikiraho
γραφείο
suri
ποντίκι
karaseri
ντοσιέ
karaviye
πληκτρολόγιο
pubere
καλάθι αχρήστων
mudasobwa
υπολογιστής
intebe
καρέκλα

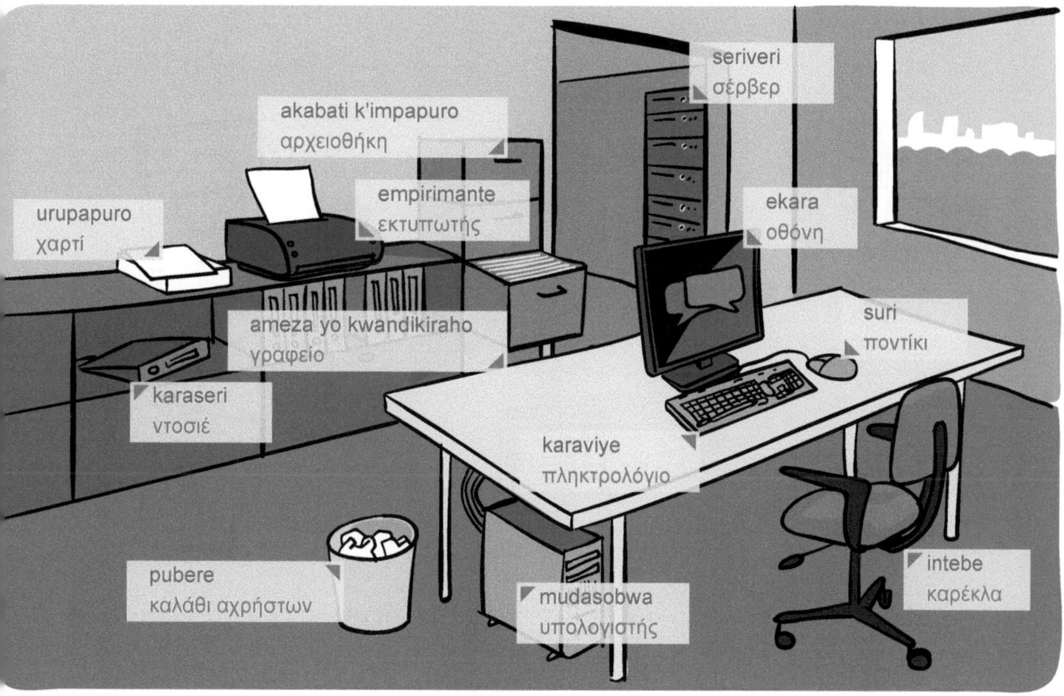

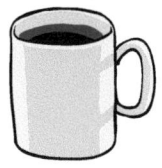

igikombe k'ikawa

κούπα του καφέ

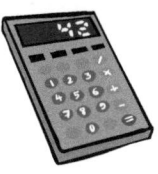

akabarisho

κομπιουτεράκι

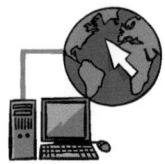

enterineti

ίντερνετ

laputopu

λάπτοπ

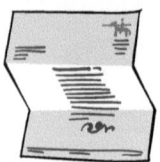

ibaruwa

γράμμα

ubutumwa

μήνυμα

ngendanwa

κινητό

netiwake

δίκτυο

fotokopiyeze

φωτοτυπικό μηχάνημα

porogaramu

λογισμικό

telefoni

τηλέφωνο

purize

πρίζα

imashini yohereza fagisi

συσκευή φαξ

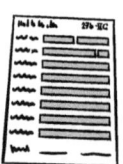

fomu

έντυπο

inyandiko

έγγραφο

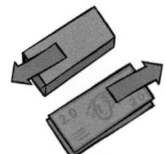

kugura

αγοράζω

kwishyura

πληρώνω

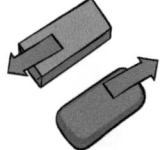

gucuruza

συναλλάσσομαι

amafaranga

χρήματα

 USD

idorari

δολάριο

 EUR

iyero

ευρώ

 JPY

iyeni

γιεν

 RUB

irubure

ρούβλι

 CHF

ifaranga ry'irisuwisi

ελβετικό φράγκο

 CNY

iriyuwani

ρενμίνμπι γιουάν

 INR

irupi

ρουπία

icyuma cya banki babikurizaho

ATM (αυτόματη ταμειακή μηχανή)

ku muvunjayi

ανταλλακτήρια
συναλλάγματος

zahabu

χρυσός

feza

ασήμι

peteroli

πετρέλαιο

ingufu z'amashanyarazi

ενέργεια

igiciro

τιμή

kontaro

συμβόλαιο

tagisi

φόρος

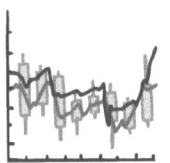

isoko ryo kugura no
kugurisha

μετοχή

gukora

δουλεύω

umukozi

υπάλληλος

umukoresha

εργοδότης

uruganda

εργοστάσιο

iduka

κατάστημα

imirimo

επαγγέλματα

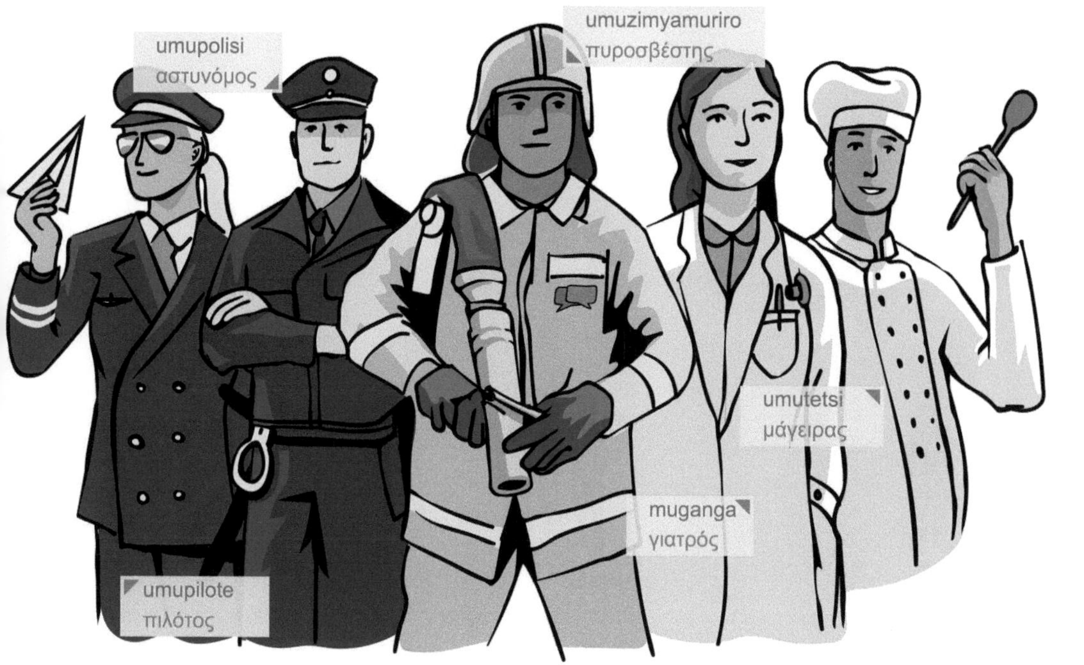

umupolisi
αστυνόμος
umuzimyamuriro
πυροσβέστης
umutetsi
μάγειρας
muganga
γιατρός
umupilote
πιλότος

umujaridiniye

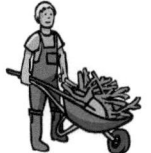

κηπουρός

umubaji

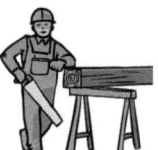

ξυλουργός

umudozi

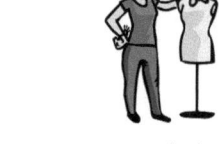

μοδίστρα

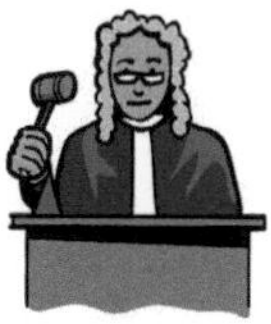

umucamanza

δικαστής

umunyabutabire

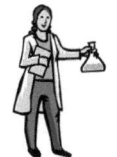

χημικός

umukinnyi wa filimi

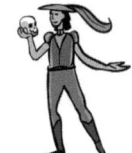

ηθοποιός

umushoferi wa bisi

οδηγός λεωφορείου

umushoferi wa tagisi

ταξιτζής

umurobyi

ψαράς

umugore ushinzwe gukora
isuku

καθαρίστρια

umufundi usakara

τεχνίτης στεγών

umuseriveri

σερβιτόρος

umuhigi

κυνηγός

umuntu usiga irangi

ζωγράφος

Umuntu ukora imigati

αρτοποιός

Umuntu ukora mu
mashanyarazi

ηλεκτρολόγος

umufundi

οικοδόμος

injenyeri

μηχανολόγος

umubazi

κρεοπώλης

umutnu ukora mu mazi

υδραυλικός

umuparanto

ταχυδρόμος

umusirikare

στρατιώτης

umwubatsi

αρχιτέκτονας

umubitsi

ταμίας

umuntu ukora mu by'indabo

ανθοπώλης

kimyozi

κομμωτής

komvuwayeri

ελεγκτής εισιτηρίων

umukanishi

μηχανικός

kapiteni

καπετάνιος

muganga w'amenyo

οδοντίατρος

umuhanga muri siyansi

επιστήμονας

rabi

ραβίνος

imamu

ιμάμης

umumwane

μοναχός

umuyobozi w'idini

ιερέας

ibikoresho
εργαλεία

inyundo
σφυρί
igifashi
πένσα
turunevisi
κατσαβίδι
isupani
Γαλλικό κλειδί
itoroshi
φακός

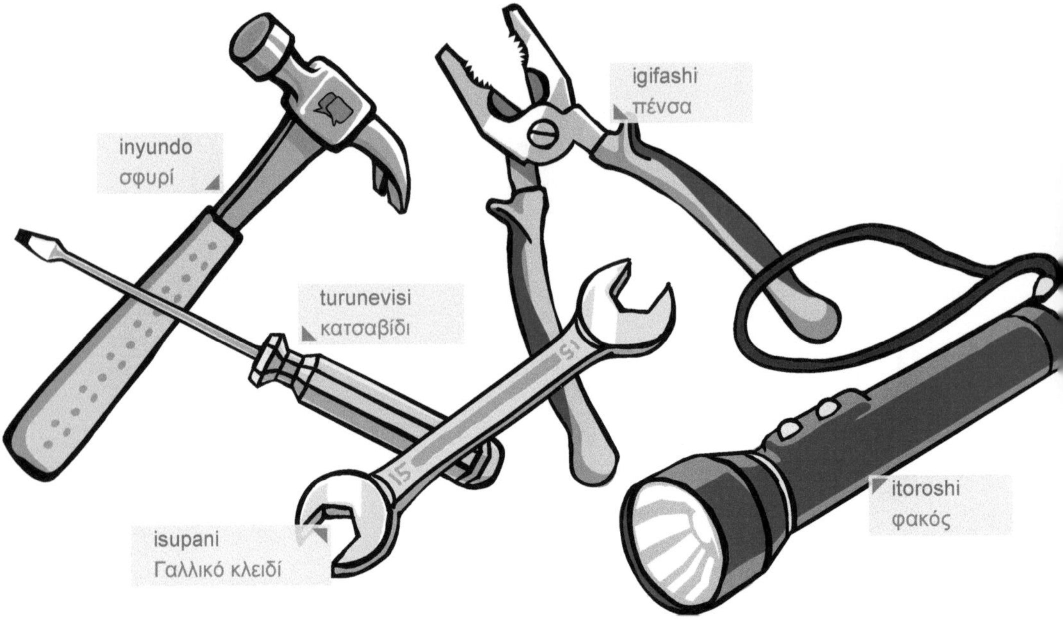

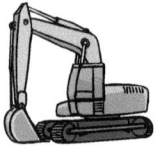

ipiki
εκσκαφέας

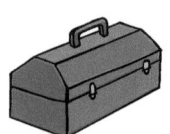

isanduku y'ibikoresho
εργαλειοθήκη

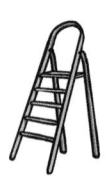

urwego
σκάλα

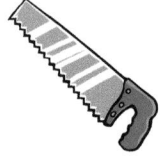

urukero
πριόνι

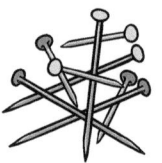

imisumari
καρφιά

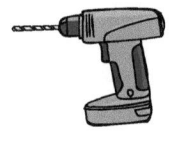

itindo
τρυπάνι

gusana

επισκευάζω

igitiyo

φτυάρι

wo gacwa we

Να πάρει!

igitiyo

φαράσι

igikombe k'irangi

δοχείο χρωμάτων

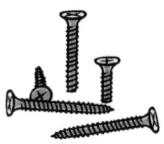

amavisi

βίδες

ibyuma by'umuziki

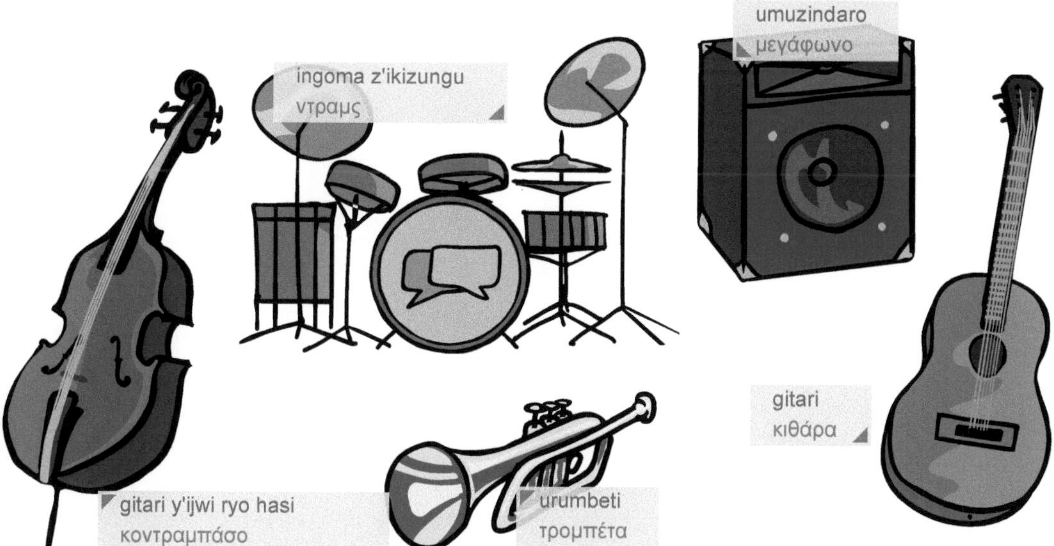

μουσικά όργανα

ingoma z'ikizungu
ντραμς

umuzindaro
μεγάφωνο

gitari
κιθάρα

gitari y'ijwi ryo hasi
κοντραμπάσο

urumbeti
τρομπέτα

piyano

πιάνο

iningiri

βιολί

gitari idunda

μπάσο

sembare

τύμπανα

ingoma

τύμπανο

inanga ya kizungu

πλήκτρα

sagisofone

σαξόφωνο

umwirongi

φλάουτο

indangururamajwi

μικρόφωνο

ζωολογικός κήπος

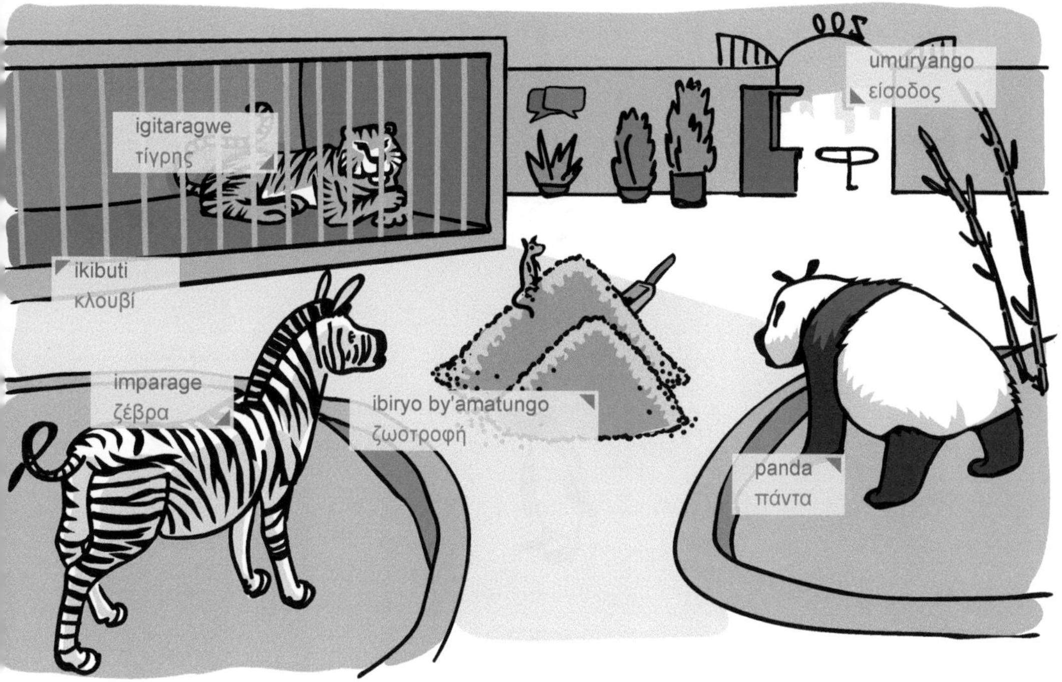
umuryango
είσοδος
igitaragwe
τίγρης
ikibuti
κλουβί
imparage
ζέβρα
ibiryo by'amatungo
ζωοτροφή
panda
πάντα

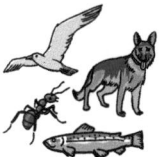

inyamaswa

ζώα

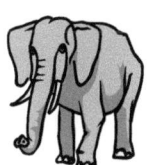

inzovu

ελέφαντας

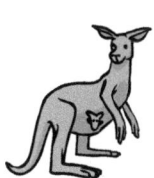

kanguru

καγκουρό

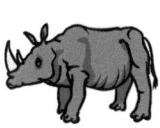

inkura

ρινόκερος

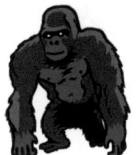

ingagi

γορίλας

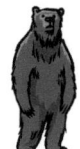

idubu

αρκούδα

ingamiya

καμήλα

imbuni

στρουθοκάμηλος

intare

λιοντάρι

inguge

πίθηκος

uruyongoyongo

φλαμίνγκο

gasuku

παπαγάλος

idubu yo mu bukonie

πολική αρκούδα

inyoni yo ku mazi

πιγκουίνος

igifi kinini

καρχαρίας

inyoni y'amasunzu

παγώνι

inzoka

φίδι

ingona

κροκόδειλος

umurinzi

φύλακας ζωολογικού κήπου

umuhuri

φώκια

ingwe

τζάγκουαρ

icyana k'ifarasi

πόνυ

ingwe

λεοπάρδαλη

imvubu

ιπποπόταμος

umusumbarembo

καμηλοπάρδαλη

inkona

αετός

isatura

αγριογούρουνο

ifi

ψάρι

akanyamasyo

χελώνα

igifi k'imikaka

θαλάσσιος ίππος

umuhari

αλεπού

isha

γαζέλα

zoo - ζωολογικός κήπος

Futuboro y'abanyamerika
Αμερικάνικο ποδόσφαιρο

gusiganwa ku magare
ποδηλασία

tenisi
αντισφαίριση

Basiketi
μπάσκετ

umukino wo koga
κολύμβηση

Hoke yo ku rubura
χόκεϋ επί πάγου

umukino w'amakofe
πυγχαμία

umupira w'amaguru

ποδόσφαιρο

umukino wa badminton

μπάντμιντον

abakina imikino
ngororamubiri

στίβος

handibolo

χάντμπολ

guserereka kuri neje

σκι

polo

πόλο

ibikorwa
δραστηριότητες

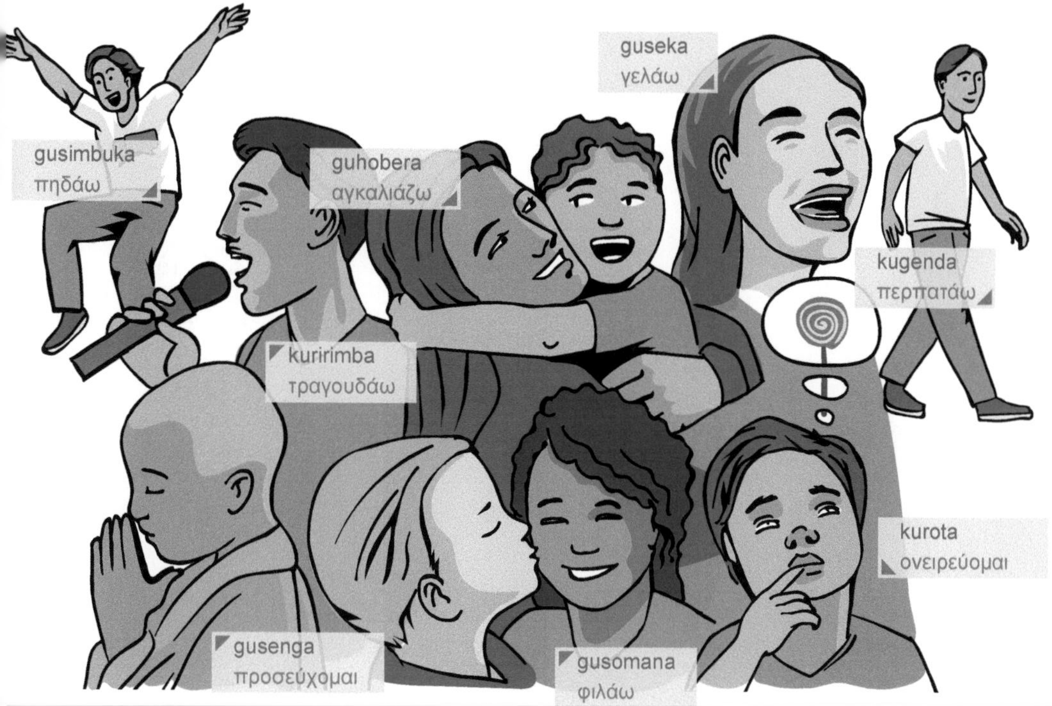
guseka
γελάω
gusimbuka
πηδάω
guhobera
αγκαλιάζω
kugenda
περπατάω
kuririmba
τραγουδάω
kurota
ονειρεύομαι
gusenga
προσεύχομαι
gusomana
φιλάω

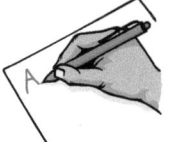

kwandika
γράφω

gushushanya
σχεδιάζω

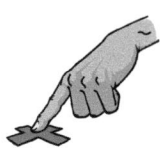

kwerekana
δείχνω

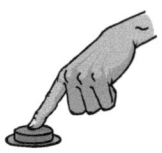

gusunika
πιέζω

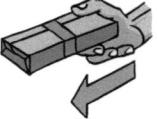

gutanga
δίνω

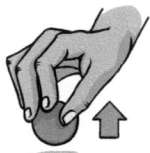

gufata
παίρνω

kugira

έχω

gukora

κάνω

kuba

είμαι

guhaguruka

στέκομαι

kwiruka

τρέχω

gukurura

τραβάω

kujugunya

ρίχνω

kugwa

πέφτω

kuryama

ξαπλώνω

gutegereza

περιμένω

kwikorera

κουβαλώ

kwicara

κάθομαι

kwambara

φοράω

gusinzira

κοιμάμαι

gukanguka

ξυπνάω

kureba

κοιτάω

kurira

κλαίω

kwagaza

χαϊδεύω

gusokoza

χτενίζω

kuvuga

μιλάω

gusobanukirwa

καταλαβαίνω

kubaza

ρωτάω

kumva

ακούω

kunywa

πίνω

kurya

τρώω

gushyira ku murongo

συγυρίζω

gukunda

αγαπάω

guteka

μαγειρεύω

gutwara imodoka

οδηγώ

kuguruka

πετάω

kugashya

κάνω ιστιοπλοΐα

kubara

υπολογίζω

gusoma

διαβάζω

kwiga

μαθαίνω

gukora

δουλεύω

kurongora

παντρεύομαι

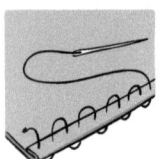

kudoda

ράβω

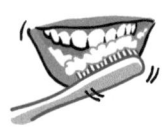

uburoso bw'amenyo

βουρτσίζω τα δόντια

kwica

σκοτώνω

kunywa itabi

καπνίζω

kohereza

στέλνω

umuryango
οικογένεια

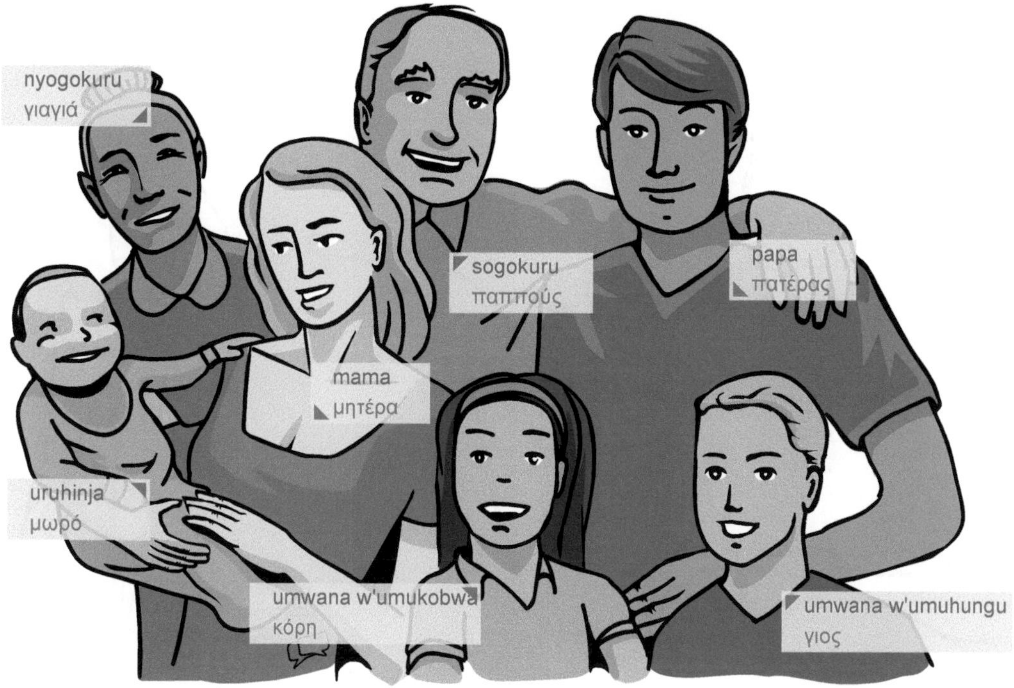

nyogokuru
γιαγιά
sogokuru
παππούς
papa
πατέρας
mama
μητέρα
uruhinja
μωρό
umwana w'umukobwa
κόρη
umwana w'umuhungu
γιος

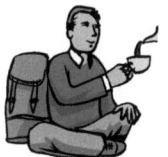

umushyitsi

καλεσμένος

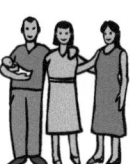

masenge

θεία

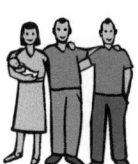

marume

θείος

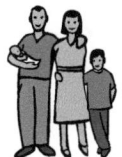

musaza wange

αδελφός

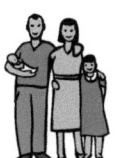

mushiki wange

αδελφή

umubiri

σώμα

agahanga k'imbere
μέτωπο
ijisho
μάτι
urutugu
ώμος
urutoki
δάχτυλο
isura
πρόσωπο
akananwa
πιγούνι
ikiganza
χέρι
ukuguru
πόδι
ibere
στήθος
ukuboko
βραχίονας

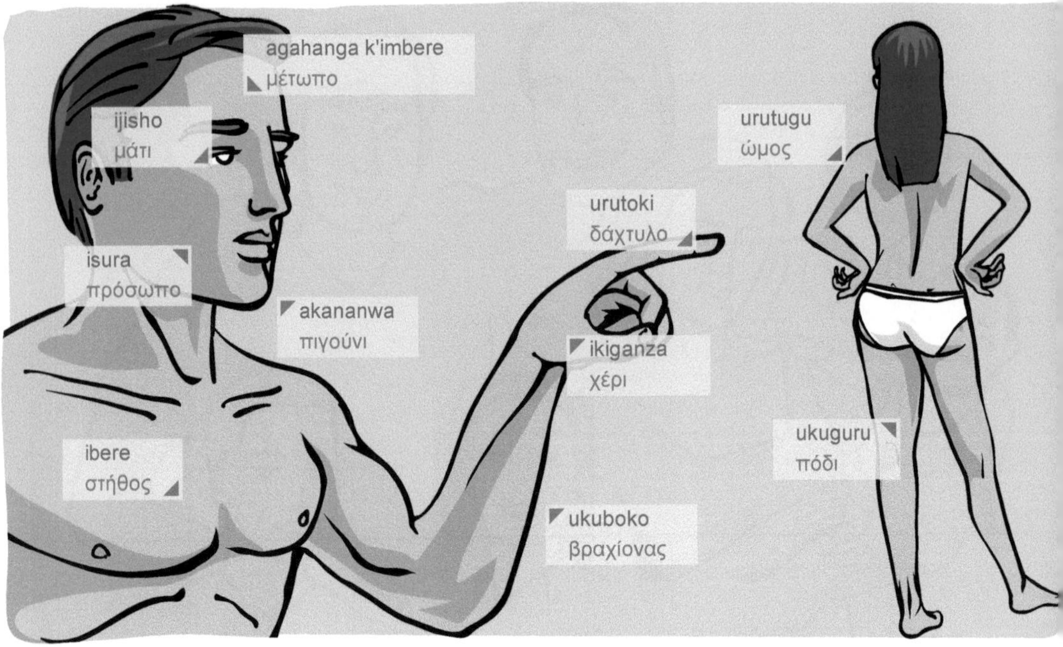

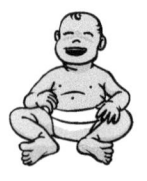

uruhinja

μωρό

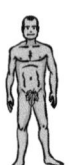

umugabo

άνδρας

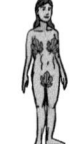

umugore

γυναίκα

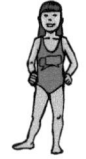

umukobwa

κορίτσι

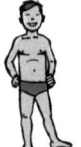

umuhungu

αγόρι

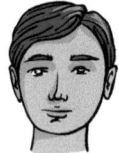

umutwe

κεφάλι

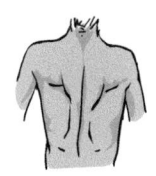

umugongo

πλάτη

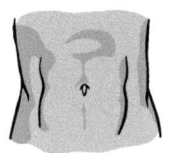

inda

κοιλιά

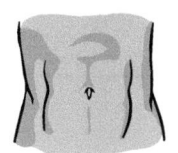

umukondo

αφαλός

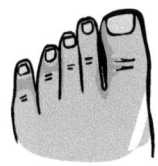

ino

δάχτυλο ποδιού

agatsinsino

φτέρνα

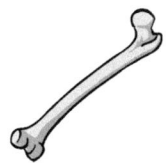

igufa

κόκκαλο

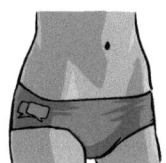

amayunguyungu

γοφός

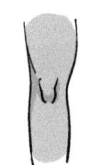

ivi

γόνατο

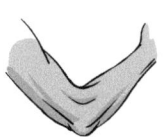

inkokora

αγκώνας

izuru

μύτη

ikibuno

γλουτός

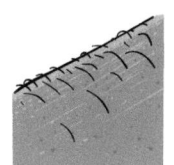

uruhu

δέρμα

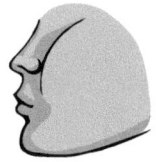

itama

μάγουλο

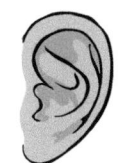

ugutwi

αυτί

umunwa

χείλος

mu munwa

στόμα

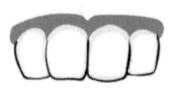

iryinyo

δόντι

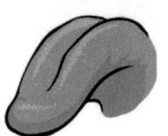

ururimi

γλώσσα

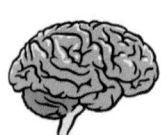

ubwonko

εγκέφαλος

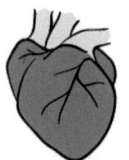

umutima

καρδιά

umutsi

μυς

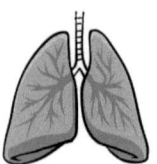

ibihaha

πνεύμονας

umwijima

συκώτι

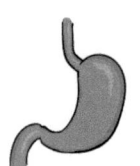

igifu

στομάχι

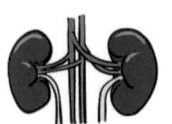

impyiko

νεφρά

igitsina

σεξουαλική επαφή

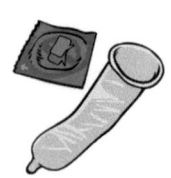

agakingirizo

προφυλακτικό

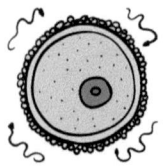

intanga

ωάριο

amasohoro

σπέρμα

gusama inda

εγκυμοσύνη

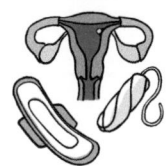

imihango

περίοδος

igituba

γυναικείος κόλπος

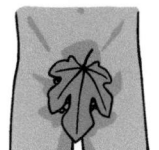

imboro

πέος

ibitsike

φρύδι

umusatsi

μαλλιά

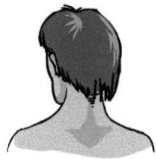

ijosi

λαιμός

ibitaro

νοσοκομείο

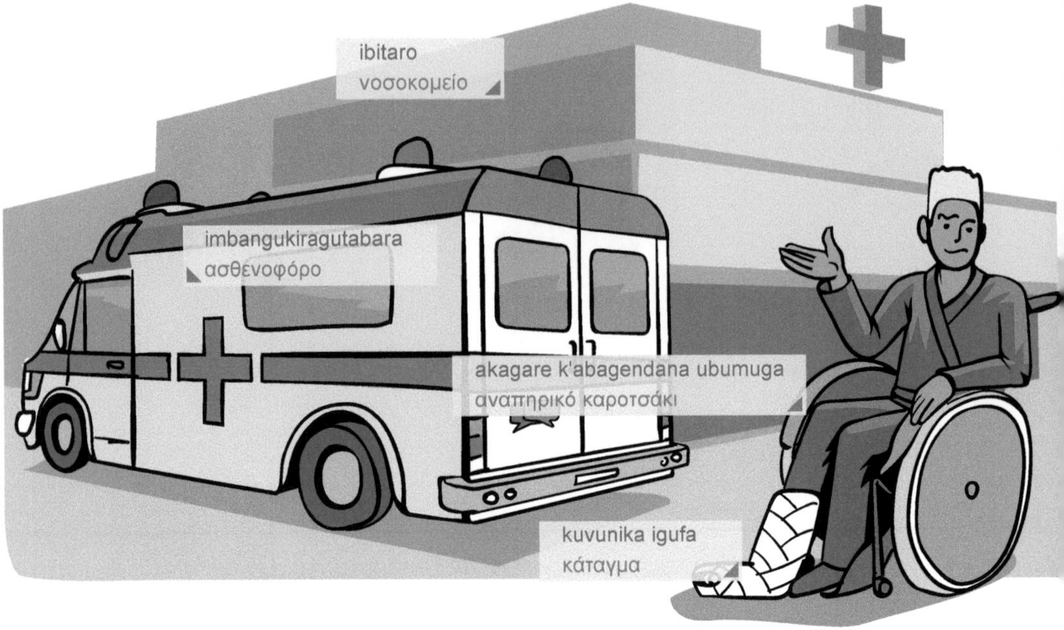

ibitaro
νοσοκομείο
imbangukiragutabara
ασθενοφόρο
akagare k'abagendana ubumuga
αναπηρικό καροτσάκι
kuvunika igufa
κάταγμα

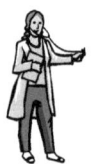

muganga

γιατρός

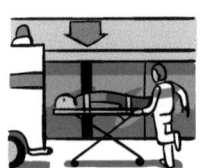

icyumba k'indembe

μονάδα εντατικής θεραπείας

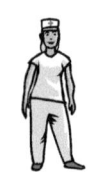

umuforomo kazi

νοσοκόμα

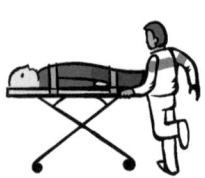

mu ndembe

έκτακτη ανάγκη

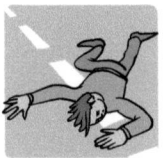

guta ubwenge

λιπόθυμος

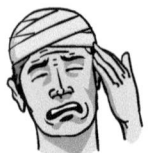

ububabare

πόνος

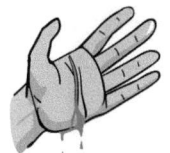

igikomere

τραύμα

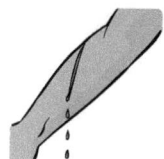

kuva amaraso

αιμορραγία

gufatwa n'umutima

έμφραγμα

kuziba k'udutsi two mu bwonko

εγκεφαλικό

kwivumbura k'umubiri

αλλεργία

inkorora

βήχας

umuriro

πυρετός

ibicurane

γρίπη

impiswi

διάρροια

kurwara umutwe

πονοκέφαλος

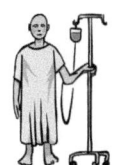

kanseri

καρκίνος

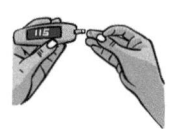

diyabete

διαβήτης

muganga ubaga

χειρουργός

icyuma kibaga umurwayi

νυστέρι

kubagwa

εγχείρηση

ifoto yo mu cyuma

αξονική τομογραφία

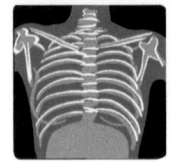

radiyo

ακτινογραφία

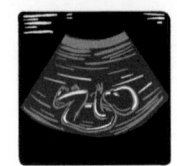

isuzuma rikoresha amajwi

υπέρηχος

agapfukamunwa

μάσκα

indwara

ασθένεια

icyumba bategererezamo

αίθουσα αναμονής

imbago yo kwicumba

πατερίτσα

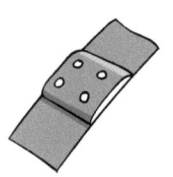

pasema

χάνσαπλαστ

igipfuko

επίδεσμος

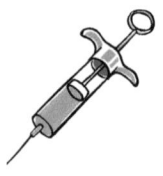

urushinge

ένεση

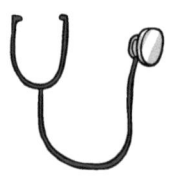

igipimo cy'umutima

στηθοσκόπιο

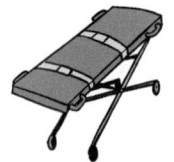

burankari

φορείο

igipimo cy'umuriro

θερμόμετρο

ivuka

γέννηση

umubyibuho ukabije

υπέρβαρο

inyunganirangingo y'amatwi

ακουστικό βαρηκοΐας

umuti wica mikorobe

αντισηπτικό

ubwandu

λοίμωξη

virusi

ιός

Virusi itera sida / Sida

HIV/AIDS

ubuganga

φάρμακο

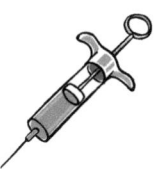

gukingira

εμβολιασμός

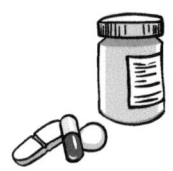

ibinini

δισκία

ikinini

χάπι

guhamagara byihutirwa

κλήση έκτακτης ανάγκης

igenzura ry'umuvuduko
w'amaraso

πιεσόμετρο αίματος

urwaye / ufite amagara
meza

άρρωστος / υγιής

Ntabara!

Βοήθεια!

inzogera itabaza

συναγερμός

gusagarira

βιαιοπραγία

igitero

επίθεση

icyateza amakuba

κίνδυνος

umuryango unyuramo ukiza amagara

έξοδος κινδύνου

Inkongi!

Φωτιά!

ikizimyamuriro

πυροσβεστήρας

impanuka

ατύχημα

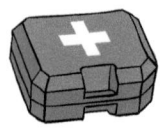

ibikoresho by'ubutabazi bw'ibanze

κουτί πρώτων βοηθειών

induru itabaza

SOS

polisi

αστυνομία

Uburayi

Ευρώπη

Amerika y'Amajyaruguru

Βόρεια Αμερική

Amerika y'Amagepfo

Νότια Αμερική

Afurika

Αφρική

Aziya

Ασία

Ositarariya

Αυστραλία

Atalantika

Ατλαντικός Ωκεανός

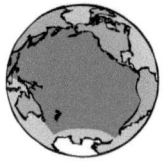

Oasifika

Ειρηνικός Ωκεανός

Inyanja y'Abahinde

Ινδικός Ωκεανός

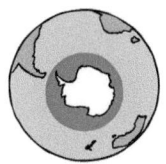

Inyanja y'Antagitika

Ανταρκτικός Ωκεανός

Inyanja y'Arigitika

Αρκτικός Ωκεανός

Amajyaruguru y'Isi

Βόρειος Πόλος

Amagepfo y'Isi

Νότιος Πόλος

Antaragitika

Ανταρκτική

Isi

Γη

ubutaka

γη

ikiyaga

θάλασσα

ikirwa

νησί

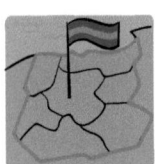

igihugu

έθνος

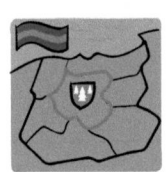

leta

πολιτεία

kadere y'isaha

καντράν ρολογιού

urushinge rw'amasaha

ωροδείκτης

urushinge rw'iminota

λεπτοδείκτης

urushinge rw'amasegonda

δείκτης δευτερολέπτων

ni isaha ki?

Τι ώρα είναι;

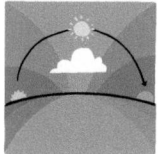

umunsi

ημέρα

igihe

χρόνος

nonaha

τώρα

isaha y'imibare

ψηφιακό ρολόι

iminota

λεπτό

amasaha

ώρα

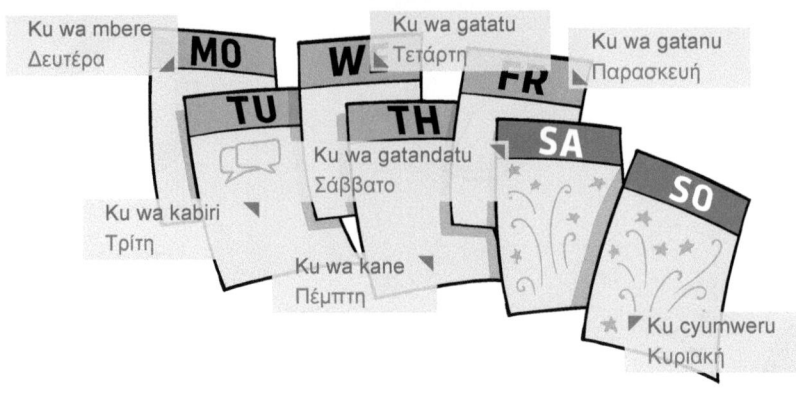

Ku wa mbere / Δευτέρα
Ku wa gatatu / Τετάρτη
Ku wa gatanu / Παρασκευή
Ku wa kabiri / Τρίτη
Ku wa gatandatu / Σάββατο
Ku wa kane / Πέμπτη
Ku cyumweru / Κυριακή

ejo hashize
χθες

none
σήμερα

ejo hazaza
αύριο

igitondo
πρωί

saa sita
μεσημέρι

ku mugoroba
βράδυ

iminsi y'akazi
εργάσιμες ημέρες

wikendi
Σαββατοκύριακο

umwaka
έτος

imvura
βροχή
umukororombya
ουράνιο τόξο
umuyaga
άνεμος
neje
χιόνι
urugaryi
άνοιξη
umuhindo
φθινόπωρο
iki
καλοκαίρι
igihe cy'ubukonje
χειμώνας

4.APRIL 11°
5.APRIL 4°
6.APRIL 13°
7.APRIL 8°
8.APRIL 10°

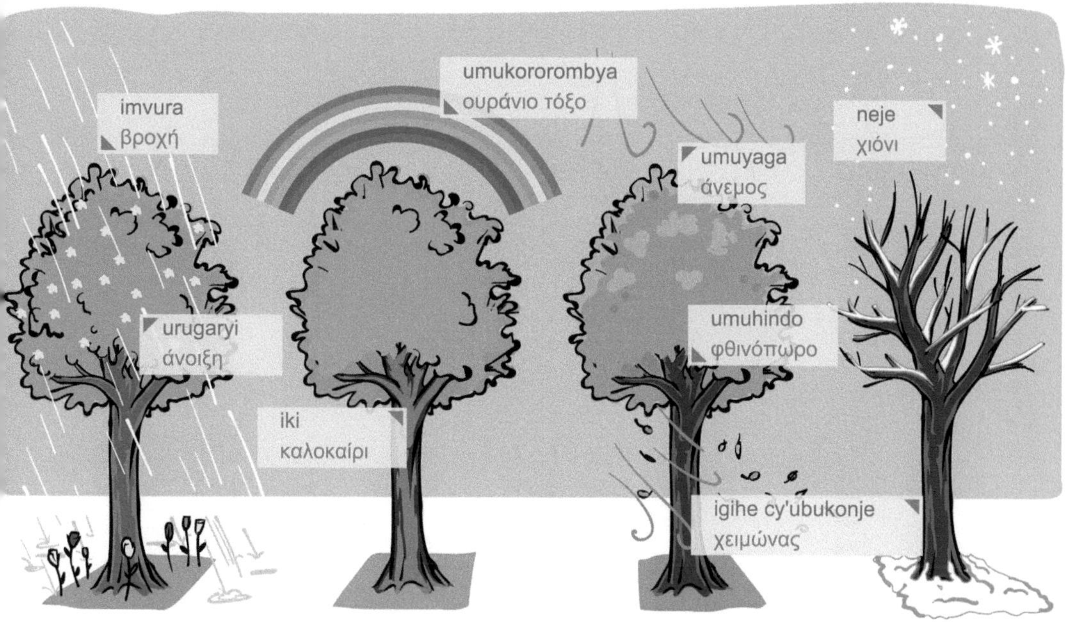

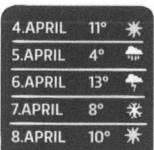

iteganyagihe

πρόγνωση καιρού

F
C

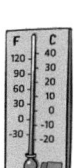

igipimo cy'ubushyuhe

θερμόμετρο

izuba rirashe

λιακάδα

ibicu

σύννεφο

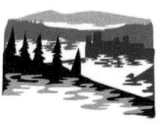

ibihu

ομίχλη

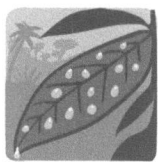

ububobere

υγρασία

umurabyo

αστραπή

inkuba

κεραυνός

umuhengeri

καταιγίδα

urubura

χαλάζι

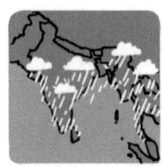

imiyaga ihuha iturutse mu nyanja

μουσώνας

umwuzure

πλημμύρα

barafu

πάγος

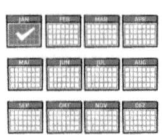

Mutarama

Ιανουάριος

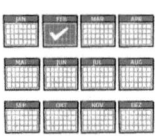

Gshyantare

Φεβρουάριος

Werurwe

Μάρτιος

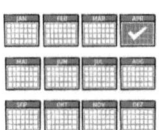

Mata

Απρίλιος

Gicurasi

Μάιος

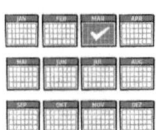

Kamena

Ιούνιος

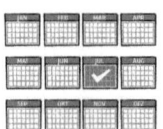

Nyakanga

Ιούλιος

Kanama

Αύγουστος

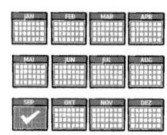

Nzeri

Σεπτέμβριος

Ukwakira

Οκτώβριος

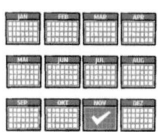

Ugushyingo

Νοέμβριος

Ukuboza

Δεκέμβριος

amaforoma
σχήματα

uruziga

κύκλος

mpandenye

τετράγωνο

urukiramende

ορθογώνιο
παραλληλόγραμμο

mpandeshatu

τρίγωνο

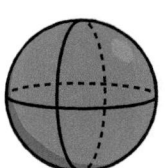

umubumbe

σφαίρα

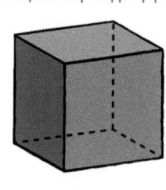

kibe

κύβος

umweru

άσπρο

umuhondo

κίτρινο

oranje

πορτοκαλί

iroza

ροζ

umutuku

κόκκινο

isine

μωβ

ubururu

μπλε

icyatsi kibisi

πράσινο

igihogo

καφέ

ikigina

γκρι

umukara

μαύρο

byinshi / bike

πολύ / λίγο

urakaye / utuje

θυμωμένος / ήρεμος

mwiza / mubi

όμορφος / άσχημος

intangiriro / impera

αρχή / τέλος

kinini / gito

μεγάλος / μικρός

gikeye / kijimye

φωτεινός / σκοτεινός

musaza / mushiki

αδελφός / αδελφή

gisukuye / cyanduye

καθαρός / λερωμένος

kirangiye / kitarangiye

πλήρης / ατελής

umunsi / ijoro

ημέρα / νύχτα

wapfuye / muzima

νεκρός / ζωντανός

hagari / hafunganye

φαρδύς / στενός

kiribwa / kitaribwa

βρώσιμος / μη βρώσιμος

umugome / ugwa neza

κακός / ευγενικός

ushishikaye / warambiwe

ενθουσιασμένος / βαριεστημένος

ubyibushye / unanutse

παχύς / λεπτός

mbere / nyuma

πρώτος / τελευταίος

inshuti / umwanzi

φίλος / εχθρός

cyuzuye / kirimo ubusa

γεμάτος / άδειος

gikomeye / cyoroshye

σκληρός / μαλακός

kiremeye / kitaremereye

βαρύς / ελαφρύς

inzara / inyota

πείνα / δίψα

urwaye / ufite amagara meza

άρρωστος / υγιής

kemewe n'amategeko / kibujijwe n'amategeko

παράνομος / νόμιμος

umunyabwenge / igicucu

έξυπνος / χαζός

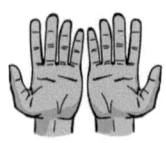

iburyo / ibumoso

αριστερός / δεξιός

hafi / kure

κοντινός / μακρινός

gishya / cyakoze

καινούριος / μεταχειρισμένος

nta kintu gihari / hari ikintu gihari

τίποτα / κάτι

ushaje / muto

γέρος | νέος

atsa / zimya

αναμμένος / σβηστός

gifunguye / gifunze

ανοιχτός / κλειστός

ucecetse / usakuza

χαμηλόφωνος / μεγαλόφωνος

ukize / ukennye

πλούσιος / φτωχός

ni byo / si byo

σωστός / λανθασμένος

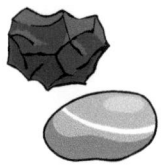

hahanda / hahehereye

τραχύς / λείος

urakaye / wishimye

λυπημένος / χαρούμενος

mugufi / muremure

κοντός / μακρύς

urandaga / wihuta

αργός / γρήγορος

utose / wumye

υγρός / στεγνός

ashyushye / ahoze

ζεστός / δροσερός

intambara / amahoro

πόλεμος / ειρήνη

0

zeru

μηδέν

1

rimwe

ένα

2

kabiri

δύο

3

gatatu

τρία

4

kane

τέσσερα

5

gatanu

πέντε

6

gatandatu

έξι

7

karindwi

εφτά

8

umunani

οκτώ

9

icyenda

εννιά

10

icumi

δέκα

11

cumi na rimwe

έντεκα

12
cumi na kabiri

δώδεκα

13
cumi na gatatu

δεκατρία

14
cumi na kane

δεκατέσσερα

15
cumi na gatanu

δεκαπέντε

16
cumi na gatandatu

δεκαέξι

17
cumi na karindwi

δεκαεφτά

18
cumi n'umunani

δεκαοκτώ

19
cumi n'icyenda

δεκαεννέα

20
makumyabiri

είκοσι

100
ijana

εκατό

1.000
igihumbi

χίλια

1.000.000
miliyoni

εκατομμύριο

Icyongereza

Αγγλικά

Icyongereza
cy'Abanyamerika

Αμερικάνικα Αγγλικά

Igishinwa k'ikimandarini

Μανδαρίνικα Κινέζικα

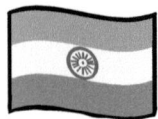

Igihindi

Χίντι

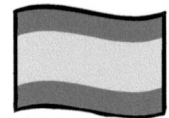

Ikesipanyoro

Ισπανικά

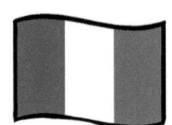

Igifaransa

Γαλλικά

Icyarabu

Αραβικά

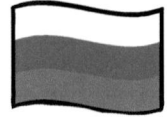

Ikirusiya

Ρώσικα

Igiporutigari

Πορτογαλικά

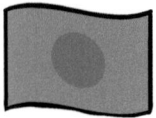

Ikibengari

Μπενγκάλι

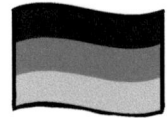

Ikidage

Γερμανικά

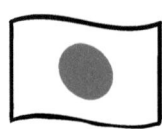

Ikiyapani

Ιαπωνικά

ge

εγώ

wowe

εσύ

we / we / we

αυτός / αυτή / αυτό

twe

εμείς

mwe

εσείς

bo

αυτοί / αυτές / αυτά

nde?

ποιος / ποια / ποιο;

iki?

τι;

gute?

πώς;

hehe?

πού;

ryari?

πότε;

izina

όνομα

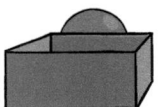

inyuma

πίσω

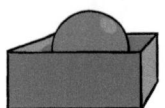

mo imbere

μέσα

imbere ya

μπροστά

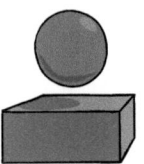

hejuru ya

πάνω από

kuri

πάνω

munsi ya

κάτω

iruhande

δίπλα

hagati

ανάμεσα

ahantu

μέρος